sous la direction de Céline Thérien

On ne badine pas avec l'amour

Musset

Notes, questionnaires et synthèses
adaptés par **Pascale CHARLEBOIS**,
professeur au Collège de l'Abitibi-Témiscamingue

établi par **YVON LE SCANFF**,
agrégé de Lettres modernes, docteur ès Lettres

Texte conforme à l'édition originale de 1834

Direction de l'édition
Isabelle Marquis

Direction de la production
Danielle Latendresse

Direction de la coordination
Rodolphe Courcy

**Charge de projet et
révision linguistique**
Sophie Lamontre

Correction d'épreuves
Marie Théorêt

Conception et réalisation graphique
Girafe & Associés

Illustration de la couverture
Olivier Lasser

Les Éditions CEC inc. remercient le gouvernement du Québec de l'aide financière accordée à l'édition de cet ouvrage par l'entremise du Programme de crédit d'impôt pour l'édition de livres, administré par la SODEC.

On ne badine pas avec l'amour*, collection *Grands Textes
© 2010, Les Éditions CEC inc.
9001, boul. Louis-H.-La Fontaine
Anjou (Québec) H1J 2C5

Dépôt légal : 2010
Bibliothèque et Archives nationales du Québec
Bibliothèque et Archives Canada

ISBN 978-2-7617-2832-4

Imprimé au Canada
1 2 3 4 5   14 13 12 11 10

Imprimé sur papier contenant 100 %
de fibres recyclées postconsommation.

Édition originale Bibliolycée
© Hachette Livre, 2003, 43 quai de Grenelle, 75905 Paris Cedex 15, France.
Tous droits de traduction, de reproduction et d'adaptation réservés pour tous pays.

Sommaire

« Qui dit ce qu'il sait (...) », tableau de Félicien Rops, 1880.

PRÉSENTATION

Aux yeux du lecteur actuel, quel intérêt peuvent présenter Alfred de Musset, auteur du XIXe siècle, et sa pièce de théâtre On ne badine pas avec l'amour ?

Alfred de Musset est l'auteur dramatique le plus apprécié actuellement dans le répertoire romantique, ce qui donne lieu à un étrange paradoxe. Ses pièces, réputées injouables par la critique de l'époque et presque jamais représentées de son vivant, sont devenues de nos jours l'exemple même de la réussite du romantisme au théâtre. Musset, suivant les traces de Marivaux, a su renouveler la comédie; ses drames, dont *Lorenzaccio* constitue le chef-d'œuvre, offrent autant d'intérêt ou sinon même dépassent ceux d'Hugo, de Dumas ou de Vigny. Un critique de son époque a bien résumé les reproches fondamentaux qu'une société encore trop peu sensibilisée au romantisme a pu adresser au génie dramatique de Musset : « Qu'est-ce que des comédies qui ne sont pas des comédies, puisqu'on ne peut les jouer, et qui sont cependant des comédies, puisqu'elles sont jetées dans le moule ordinaire de cette forme ? Les pièces de

Camille et Perdican (Julie Le Gal et Nicolas Van Burek), *On ne badine pas avec l'amour*, Théâtre français de Toronto, 2008.

M. de Musset ne peuvent se jouer pour deux raisons : d'abord à cause de l'irrégularité de leur structure, ensuite parce qu'elles développent des passions générales ou trop personnelles » (Louis de Maynard, *Revue de Paris*, 1834). Ainsi, ce qui était perçu comme un défaut par une époque qui considérait encore le romantisme comme une avant-garde est aujourd'hui reconnu comme le trait original d'un théâtre qui réjouit par son audace dramaturgique.

À l'instar de tout romantique*, Musset libère l'écriture théâtrale du carcan classique et fait entrer la totalité de la vie dans ses pièces, grâce au mélange des genres et des registres. Toutefois son originalité consiste surtout à exprimer le lyrisme de la jeunesse romantique, car Musset et ses héros ont le même âge ! C'est cette mise en scène de soi qui rend son œuvre théâtrale si intéressante, et c'est là encore un point sur lequel notre époque, éprise d'autofictions et de téléréalités, a su lui rendre justice. Ses contemporains, eux, ont été un peu moins tendres envers ses pièces : « À présent, si nous en venons au fond, j'ai fait observer que la seconde raison qui rendit M. de Musset impropre au genre dramatique, c'est qu'il développait des passions générales ou trop personnelles, et par conséquent exclusives. Ainsi ses personnages ne sont jamais eux, ils sont lui. M. de Musset se montre plus philosophe que poète, c'est-à-dire qu'il se renferme dans l'analyse incessante de ses propres sentiments. Il les partage, et prête tantôt les uns, tantôt les autres aux différents êtres de son imagination ; mais c'est toujours lui qu'il réfléchit. Fantasio est le miroir de sa gaieté, Perdican de sa sentimentalité, Lorenzaccio de sa misanthropie » (Louis de Maynard).

En ne s'attachant qu'aux héros masculins, ce critique laisse toutefois de côté un des aspects les plus modernes de l'œuvre de Musset, la conception de personnages féminins hors norme. Camille, en effet, ne correspond en aucune manière aux stéréotypes romantiques de femmes doucereuses ou fatales. Au contraire, elle est étonnamment lucide, elle ne recule pas devant la polémique et ses arguments demeurent encore très percutants. Cependant, il est vrai que toute son œuvre porte la marque

* : *Cf.* Glossaire

de sa subjectivité : sa quête de pureté cédant à l'attrait de la débauche ; un penchant pour la nostalgie associé à une forme de lucidité cynique. Tout ce mélange a de quoi séduire un jeune adulte aujourd'hui !

On ne badine pas avec l'amour est particulièrement représentatif de cet art que possède Musset de savoir transposer dans une forme dramatique son lyrisme personnel : le dialogue théâtral gagne en complexité, à la fois plus léger, plus vif et plus intense, allant jusqu'à faire basculer la comédie dans le conflit tragique.

**Un autoportrait caricatural :
Alfred de Musset par lui-même en 1833.**

Musset,
toujours actuel

Portrait d'Alfred de Musset par Louis-Eugène Lamy (1841).

Musset, sa vie, son œuvre

Un enfant du siècle romantique (1810-1827)

Alfred de Musset naît à Paris le 11 décembre 1810. Il est issu d'une famille aristocratique et cultivée : son grand-père appréciait Carmontelle, un libertin* en vogue sous Louis XV, et son père a édité les *Œuvres complètes* de Jean-Jacques Rousseau, écrivain philosophe du Siècle des Lumières, considéré comme le précurseur du romantisme. La culture de Musset, toute en contrastes, se place dès le départ sous cette double influence : d'une part, la fraîcheur juvénile et l'ironie* critique de l'esprit libertin et, d'autre part, la philosophie du sentiment et la quête de l'absolu incarnée par Rousseau qui, faut-il le rappeler, instaure la mode de l'autobiographie en écrivant *Les confessions*. Cet ouvrage servira de référence à Musset pour son propre récit à caractère autobiographique, *La confession d'un enfant du siècle*.

Or, en 1815, avec la chute de Napoléon, s'écroule l'idéal d'une vie héroïque, propice à la fougue de la jeunesse. La fin du Premier Empire marque aussitôt le retour à la monarchie. La Restauration (1815-1830) met en place un régime tourné vers le passé et qui rappelle au pouvoir des vieillards chassés par la Révolution. Pour Musset, ces changements signifient la défaite de tous ses idéaux. La société est tout à coup retenue dans son élan par des valeurs désuètes, la liberté est muselée : la jeunesse n'y a plus sa place, elle reste sans espoir, sans avenir. La « génération ardente, pâle, nerveuse » devient inquiète, le monde semble vide : « Alors il s'assit sur un monde en ruine une jeunesse soucieuse. Tous ces enfants étaient des gouttes de sang brûlant qui avait

*: *Cf. Glossaire*

inondé la terre ; ils étaient nés au sein de la guerre, pour la guerre. […] Ils avaient dans la tête tout un monde ; ils regardaient la terre, le ciel, les rues et les chemins ; tout cela était vide, et les cloches de leurs paroisses résonnaient seules dans le lointain » (Musset, *La confession d'un enfant du siècle*).

Partagé entre un passé révolu et l'espoir en un avenir meilleur, Musset se sent floué et désespéré : « Toute la maladie du siècle vient de deux causes ; le peuple qui a passé par 93[1] et par 1814[2] porte au cœur deux blessures. Tout ce qui était n'est plus ; tout ce qui sera n'est pas encore. Ne cherchez pas ailleurs le secret de nos maux » (*ibid.*). Ainsi, Musset décrit son temps et cette douleur qui ronge l'âme de sa génération, une forme de nostalgie à caractère dépressif. Ce « mal du siècle », comme on le nomme, atteindra une grande partie de la jeunesse, au point de dégénérer en une vague de suicides.

La Restauration[3], marquée par un esprit revanchard, vient sceller ces échecs. Musset la perçoit comme une terrible défaite de l'intelligence et de la culture : c'est l'ordre ancien qui prime, et bientôt ce sera l'argent…

L'entrée en littérature et le succès (1827-1830)

Musset, enfant, manifeste une grande intelligence. Après son baccalauréat, qu'il obtient en 1827, il cherche à poursuivre des études de droit, puis de médecine, malgré un fort penchant pour l'écriture et le théâtre. Il entreprend ces études sans passion et les abandonne rapidement et sans regret, décidé à suivre sa vocation littéraire. Il se fait alors introduire dans les salons* les

Salon

Réunion de personnalités des lettres, des arts ou de la politique qui se tenait généralement chez une femme distinguée. Au XVIIᵉ siècle, les salons eurent une influence capitale sur la littérature et, au XVIIIᵉ siècle, sur la diffusion des idées philosophiques.

1. 1793 : Année de l'exécution de Louis XVI et de Marie-Antoinette.
2. 1814 : Fin du Premier Empire avec l'abdication de Napoléon Iᵉʳ et son envoi en exil.
3. Restauration : Retour au régime de la monarchie, de mai 1814 à juillet 1830, mais avec des pouvoirs limités par la Charte de 1814.

* : Cf. Glossaire

Romantiques

Adeptes du romantisme, mouvement littéraire et artistique de la première moitié du XIXe siècle qui fait prévaloir les principes de liberté et de subjectivité en rejetant les règles classiques et en s'opposant au rationalisme philosophique.

Byron

Poète britannique (1788-1824), son œuvre exprime le mal de vivre.

plus réputés et en particulier dans le fameux « Cénacle » où les romantiques* les plus importants se réunissent autour de Charles Nodier et de Victor Hugo. Il y rencontre alors Mérimée, le peintre Delacroix, Vigny, Sainte-Beuve et s'y fait essentiellement connaître dès 1828 comme le brillant traducteur d'un livre très énigmatique et provocant : *L'Anglais mangeur d'opium* de Thomas de Quincey, écrivain britannique contemporain et opiomane notoire. Ce choix illustre, dès ses débuts en littérature, l'attrait que ressentira toujours Musset pour une certaine forme de dissipation ou de déchéance provoquée par les drogues ou par l'alcool.

Cette vie romantique, certes un peu marginale, est conforme à la double aspiration du jeune Musset : dans les appartements de Nodier se retrouve l'avant-garde artistique, notamment Victor Hugo, qui incarne à ses yeux la culture, mais aussi des viveurs et des noceurs qui gravitent autour des cercles romantiques mettant à portée de main le plaisir, le divertissement dans ce qu'on appelle déjà « la vie de bohème ». Ayant pris un emploi purement « alimentaire » (dans une entreprise de chauffage), Musset se lance à corps perdu dans l'écriture : la fin de l'année 1829 voit paraître un curieux recueil ultra-romantique, les *Contes d'Espagne et d'Italie*. Musset a alors 19 ans ! Son recueil de quinze pièces en vers est manifestement conçu pour rompre avec la tradition et provoquer le scandale. Le but est atteint : les tenants du classicisme s'insurgent contre les libertés prises par ce brillant poète qui se présente comme le Byron* français ; élégance et désinvolture aristocratiques (*Ballade à la lune*) se conjuguent à des outrances romantiques (*Mardoche*). Les poèmes de ce recueil adoptent des styles variés : ils sont narratifs (*Don Paez, Portia*), lyriques (groupés sous le titre *Chansons à mettre en musique et fragments*) ou même dramatiques (*Les marrons du feu*, dont le titre évoque un proverbe bien connu).

*: Cf. Glossaire

La tourmente romantique (1830-1838)

Musset enchaîne les publications mais la réception est inégale : les poèmes trouvent un lectorat bien disposé à les recevoir, cependant ses pièces ne semblent pas plaire au public. *La quittance du diable* n'est pas représentée en 1830, mais surtout *La nuit vénitienne* est un échec terrible, pour un dramaturge qui ambitionnait d'être l'égal de Shakespeare et de Schiller ! Refusant désormais de donner ses pièces à jouer, Musset continue pourtant de composer pour le théâtre, ne se souciant plus alors des contraintes de la scène, notamment les changements de décor et le nombre de comédiens. Cette liberté de composer finit par être un trait caractéristique de son théâtre : changement de lieux, action foisonnante avec de multiples personnages, etc. Les pièces écrites à cette époque paraîtront toutefois dans la *Revue des deux mondes*.

En 1832, peu après la mort de son père, emporté par une épidémie de choléra, Musset rassemble ces pièces et publie *Un spectacle dans un fauteuil* dont l'importance est capitale. Ce recueil composite, dont le titre met l'accent sur l'aspect théâtral, contient encore une sorte de proverbe dramatique* (*La coupe et les lèvres*, sous-titré *Poème dramatique*), une comédie en vers (*À quoi rêvent les jeunes filles*) et un long poème narratif à la manière de Byron (*Namouna*, sous-titré *Conte oriental*).

Pour gagner sa vie, Musset est contraint, comme de nombreux autres écrivains de l'époque, de faire du journalisme sans jamais cesser cependant de publier comme en témoigne sa production qui atteint alors des sommets. Entre 1833 et 1834, paraissent successivement de nombreux chefs-d'œuvre comme *André del Sarto* (drame), *Les caprices de Marianne* (comédie), *On ne badine pas avec l'amour*, *Fantasio* (comédie) et *Lorenzaccio* (drame) qu'il introduit, en compagnie de *La nuit*

Proverbe dramatique

Petite comédie illustrant un proverbe ; cette façon de faire était une pratique courante à l'époque de Musset.

* : *Cf.* Glossaire

vénitienne, dans le second volume d'*Un spectacle dans un fauteuil*, consacré à des œuvres en prose.

Musset traverse alors des moments difficiles dans sa vie sentimentale, qui semblent nourrir son esprit créatif. Est-ce vraiment étonnant de la part d'un artiste qui considère que «l'homme est un apprenti» et que «la douleur est son maître» : «Nul ne se connaît s'il n'a pas souffert» (*Nuit d'octobre*) ?

En juin 1833, Musset rencontre en effet George Sand, une femme libérée, tout auréolée du succès de deux de ses romans d'allégeance romantique : *Indiana* et *Valentine*. En décembre, les amants partent pour l'Italie ; en février 1834, ils sont à Venise. Très vite, le couple connaît des dissensions, nées de leurs infidélités réciproques. En mars, Musset et Sand se séparent : l'écrivain rentre à Paris et termine la composition de *On ne badine pas avec l'amour*. Le couple se retrouve en octobre 1834 pour se séparer définitivement en mars 1835, mettant ainsi un terme à une liaison qui aura bouleversé la vie et l'œuvre de Musset. *On ne badine pas avec l'amour* reprend d'ailleurs des idées féministes de la romancière. Des passages de sa correspondance se retrouvent même dans la bouche de Camille, ce qui prouve – contrairement à ce qu'affirmait Louis de Maynard – que la pièce n'est pas qu'un monologue !

Entre 1835 et 1838, Musset publie alternativement des critiques littéraires, un récit à caractère autobiographique, *La confession d'un enfant du siècle*, des nouvelles, un recueil de poèmes – les fameuses *Nuits* qui le consacreront grand poète romantique – et des pièces de théâtre, notamment *Le chandelier*, *Il ne faut jurer de rien*, *Un caprice*.

Portrait de
George Sand
par Alfred de Musset,
1893.

Le déclin

La publication de ses *Poésies complètes* et de ses *Comédies et proverbes*, puis de ses *Nouvelles* en 1841 assure à Musset la reconnaissance de ses pairs, au moment où, rongé par l'alcool et la mélancolie, il sombre dans la dépression. Il ne publie plus que des contes et quelques rares poèmes, et la qualité de sa production diminue. Sa santé décline et en 1843, il souffre de pleurésie, une inflammation pulmonaire. Cependant, on continue d'honorer son talent : il est fait chevalier de la Légion d'honneur en 1845, année où il publie le proverbe dramatique *Il faut qu'une porte soit ouverte ou fermée*. En 1847, il connaît enfin le plaisir de voir jouer à la Comédie-Française une de ses pièces, *Un caprice*, qui obtiendra un grand succès.

À la suite de la proclamation de la IIe République* en 1848, Musset perd le poste de bibliothécaire qu'il occupait depuis 1838. Heureusement, en contrepartie, pour la première fois, un certain nombre de ses pièces sont montées sur scène, soit *Il faut qu'une porte soit ouverte ou fermée*, *Il ne faut jurer de rien*, *Le chandelier*, *André del Sarto*, *Louison*, *On ne saurait penser à tout*, et enfin *Les caprices de Marianne*, en 1851. Avec le coup d'État de Louis-Napoléon Bonaparte et l'instauration du Second Empire, en 1852, Musset connaît la gloire, mais également la déchéance : ses six dernières années sont presque entièrement stériles sur le plan littéraire. En revanche, il entre à l'Académie française en 1852, il redevient bibliothécaire du ministère de l'Instruction publique en 1853 ; ses poésies, ses contes, ses comédies et proverbes sont publiés dans le cadre d'éditions définitives en 1852, 1853 et 1854.

Musset semble alors avoir perdu l'inspiration. Il est en effet miné par toutes sortes d'abus, par la maladie et la dépression, et la mort se présente alors apparemment comme un soulagement, si l'on en croit son frère

République

Forme de gouvernement dans laquelle le peuple exerce la souveraineté directement ou par l'intermédiaire de délégués élus.

* : *Cf. Glossaire*

et biographe, Paul de Musset. Celui-ci rapporte ainsi les dernières paroles d'Alfred de Musset qui rappellent les réflexions métaphysiques de l'*Hamlet* de Shakespeare : « Dormir !... enfin je vais dormir. »

> • Enfant terrible du romantisme, profondément affecté par les tensions politiques qui ont marqué sa jeunesse, Alfred de Musset transpose dans ses jeunes personnages sa soif de pureté et d'absolu alliée à une lucidité cynique qui mène à l'amertume.
>
> • Dans toute son œuvre, Musset, comme ses contemporains, les écrivains romantiques, cherche à libérer l'écriture des carcans classiques en faisant fi des règles, en pratiquant le mélange des genres et des registres.
>
> • Dans la conception de ses personnages féminins, Musset se montre particulièrement anticonformiste, comme en fait foi Camille, héroïne lucide et rationnelle qui ne recule pas devant la polémique.

À retenir

Les Trois Glorieuses, lithographie d'époque coloriée d'après un dessin de Léon Cogniel, vers 1830.

Description de l'époque : la France du XIXe siècle

> **Qu'importe-t-il de connaître de la France du XIXe siècle pour mieux comprendre Musset ?**

Quelques renseignements préliminaires

En Europe comme au Canada, la première moitié du XIXe siècle est marquée par de grands mouvements sociaux et des rébellions contre les systèmes politiques en place. Au Canada, ce sont les Patriotes qui, en 1837-1838, tentent de repousser les dirigeants britanniques. En même temps, dans plusieurs pays d'Europe, notamment en Belgique, en Italie et en Allemagne, des manifestations révolutionnaires permettent de modifier les structures existantes et de changer radicalement la nature des pouvoirs politiques.

La France n'est pas moins ébranlée. Depuis la révolution de 1789, le pays vit de grands bouleversements. Le peuple, épris de liberté, tente de se soustraire à la monarchie absolue* qui le dirige depuis des siècles et qui encourage les inégalités sociales. La période qui s'ensuit sera marquée par une grande instabilité politique, le pouvoir passant des monarchistes aux républicains.

En même temps s'amorce la révolution industrielle qui contribue à changer définitivement le mode de vie, les réalités économiques et les rouages sociaux d'un monde sur le point de disparaître.

Monarchie absolue

État gouverné par un roi qui hérite du pouvoir sans être élu, qui considère le tenir de droit divin et n'avoir de compte à rendre qu'à Dieu.

* : *Cf.* Glossaire

Le contexte politique

Musset connaît sa période de création la plus féconde sous la monarchie de Juillet, de 1830 à 1848, un régime mis en place pour mettre un terme aux émeutes révolutionnaires qui eurent lieu à Paris les 27, 28 et 29 juillet 1830 (ces trois journées furent appelées « Les Trois Glorieuses »). La nomination de Louis-Philippe au pouvoir traduit, d'une part, la peur des libéraux* de voir s'installer une république et, d'autre part, leur rejet de Charles X qui incarne une monarchie absolue et sclérosée. Louis-Philippe, aussi appelé le « roi-citoyen », pouvait séduire les partisans de la République par sa simplicité, son ouverture d'esprit, son goût pour un certain libéralisme, à tel point qu'on a pu parler de lui comme du « roi des barricades », surnom que lui valurent son arrivée au pouvoir à la faveur de soulèvements populaires et son accord avec certains aspects de la Révolution française. Il plaisait également aux nobles et aux notables puisqu'il représente un choix rassurant après trois jours de révolution anti-monarchiste.

Un relatif consensus, entretenu par une série de lois plutôt libérales, donne alors une certaine vigueur à la vie politique et parlementaire sous son règne. Les fondements du régime sont toutefois fragiles et ambigus. Le roi doit faire face à une double opposition : celle des républicains à l'extrême gauche et celle, à l'extrême droite*, des légitimistes, partisans d'une restauration de la monarchie absolue. Le roi doit aussi composer avec les tensions chez ses propres partisans, dont certains veulent progresser vers la démocratie, alors que d'autres (dont Guizot est la figure marquante) favorisent l'ordre bourgeois et le libéralisme économique contre les aspirations démocratiques. Ainsi, après avoir incarné un certain espoir de libéralisation, le régime se raidit devant les revendications politiques et sociales de la population et finit par mettre en place une politique de répression, si bien qu'à partir de 1835, le régime se

Libéraux

Partisans du libéralisme, théorie politique selon laquelle l'État n'a pas à intervenir dans les affaires économiques.

Gauche et Droite politiques

Ces expressions sont nées de la disposition de l'assistance lors des assemblées parlementaires. Traditionnellement, les membres qui siègent à la gauche du président sont les représentants de partis aux opinions progressistes, alors que les membres à sa droite représentent les partis conservateurs.

*: Cf. Glossaire

caractérise par un conservatisme politique évident, mais aussi par un progrès économique manifeste, du moins jusqu'en 1846.

Le romantisme est à son apogée durant cette période puis décline avec la chute du régime, en 1848. À partir de ce moment, son influence ne cessera de décroître jusqu'à la fin du XIXᵉ siècle.

Le contexte socioéconomique

La France entre alors véritablement dans la révolution industrielle : accroissement démographique, croissance de la production, développement spectaculaire des transports, et notamment du chemin de fer, qui, en retour, stimule la production industrielle (métallurgie). C'est donc l'époque de la création et du développement des grandes mines à charbon et des hauts-fourneaux qui permettent le travail du fer. Ce dynamisme économique favorise la création de sociétés de crédit qui deviendront par la suite de véritables banques. Cette époque peut être caractérisée par le fameux slogan de Guizot (ministre de 1830 à 1848) : « Enrichissez-vous par le travail et par l'épargne ! »

Cependant, cette politique a pour conséquence de créer de nombreuses inégalités : géographiques (entre le nord, où se trouve une plus grande concentration de mines, et le sud, davantage axé sur l'activité portuaire), mais surtout sociales. La bourgeoisie* se substitue peu à peu à la noblesse et prend les rênes de l'État en dirigeant l'économie. Cette classe, formée de gens d'affaires ambitieux, encourage le développement des technologies et de l'industrie. L'essor industriel entraîne un déplacement de la population des campagnes vers les villes. C'est alors qu'apparaît une nouvelle classe sociale, le prolétariat*. Les ouvriers ont des conditions de vie pénibles, travaillant de treize à quinze heures par jour pour un salaire de misère. Tandis que la bourgeoisie profite de l'expansion économique, le sort des plus pauvres

Bourgeoisie

Classe formée de dirigeants, de chefs d'entreprises et de négociants.

Prolétariat

Classe ouvrière.

*: *Cf.* Glossaire

Doctrine socialiste

Ensemble des doctrines qui dénoncent les inégalités sociales et condamnent la propriété privée des moyens de production et d'échange.

devient préoccupant face à un système qui se durcit. Ce n'est donc pas un hasard si les premières doctrines socialistes* naissent à ce moment-là.

Du côté de la littérature, la révolution industrielle permet tout de même de modifier les conditions de vie des écrivains. L'avènement de la fabrication mécanique et industrielle du papier contribue à l'éclosion d'une littérature de masse et à l'essor d'une presse à bon marché. Pour la première fois, les écrivains ont la possibilité d'utiliser leur talent littéraire pour exercer un métier à part entière. Ils passent des contrats avec des éditeurs ou des patrons de presse et vivent des avances que ceux-ci leur consentent. On sait par exemple que la pièce *On ne badine pas avec l'amour* a été écrite pour honorer la commande d'une «malheureuse comédie» que Buloz avait payée d'avance en vue d'une publication dans sa *Revue des deux mondes*. Pour pouvoir vivre de leur plume, les écrivains se trouvent presque tous inexorablement liés au journalisme. Grâce à l'apport de la publicité, de grands quotidiens voient alors le jour: *La presse*, *Le siècle*, par exemple, en 1836. Les périodiques permettent aux écrivains de diffuser leurs œuvres (en feuilleton) et de recevoir un salaire en tant que critique littéraire ou chroniqueur.

Musset a produit une véritable œuvre journalistique composée de critiques et de chroniques qui éclairent son écriture proprement littéraire et l'on sait que certaines de ses pièces ont d'abord été publiées dans des périodiques, en l'occurrence prestigieux, comme *La revue des deux mondes*, avant d'être ensuite éditées: *André del Sarto*, *Les caprices de Marianne*, *On ne badine pas avec l'amour*, etc.

- Le XIXᵉ siècle connaît une très grande instabilité politique.
- La monarchie de Juillet, qui fait suite à une insurrection populaire, se raidit progressivement et réprime les aspirations démocratiques pour mettre en place une politique de maintien de l'ordre.
- Le régime soutient le libéralisme économique qui entraîne un progrès économique favorisant d'abord la classe bourgeoise. La France entre dans la révolution industrielle.
- Le XIXᵉ siècle est marqué par l'exode vers les villes et la naissance du prolétariat, cette classe d'ouvriers exploités.
- Les doctrines socialistes naissent à ce moment-là et de nombreux soulèvements populaires ont pour but la revendication de meilleures conditions de travail.
- Les écrivains peuvent maintenant vivre de leur plume grâce aux revues et journaux qui voient le jour.

Les contextes religieux et idéologique

Avec le triomphe de l'esprit des Lumières au XVIIᵉ siècle et la révolution de 1793, le pouvoir de l'Église catholique et la place de la religion en France ont été rudement éprouvés. L'Église n'a plus d'autorité et le scepticisme* gagne une grande partie de la population française. Les romantiques, cependant, conservent un certain sentiment religieux. La religion soulage la souffrance ; elle est une façon, selon eux, de rendre hommage à ce qui est éternel et plus grand que soi. Ils dénoncent toutefois l'Église comme institution et le clergé dans ses liens avec le pouvoir politique.

Ainsi, la société française de cette époque n'est plus régimentée par l'Église, ce qui cause la mise à l'index* d'une grande partie de la littérature française moderne par le clergé québécois, qui voit dans cette littérature une propagande néfaste à la foi catholique. Les valeurs bourgeoises, basées sur la réussite économique individuelle et le respect de la propriété privée, s'imposent à

Scepticisme

Refus d'adhérer à des croyances, remise en question des idées généralement admises.

Index

Liste d'ouvrages « pernicieux » dont la lecture est interdite par le clergé.

toute la société. Les romantiques, davantage épris des valeurs de la Révolution (liberté, égalité et fraternité), font également le procès de la bourgeoisie. Dans *On ne badine pas avec l'amour*, Musset en fait d'ailleurs une critique par le biais du personnage du Baron qui réduit le mariage de Camille et Perdican à une simple question de rentabilité et d'investissements.

Les contextes artistique et littéraire

En tant que mouvement culturel, le romantisme se développe en trois phases qui correspondent chacune à une génération d'écrivains, la première étant représentée par Chateaubriand, Mme de Staël, Senancour; la troisième génération romantique (Musset, Sand, Gautier, Nerval) prend le relais de la deuxième génération (Hugo, Vigny, Lamartine, Dumas) et amplifie le mouvement : c'est l'apogée du romantisme. Presque tous les grands chefs-d'œuvre du romantisme sont ainsi publiés sous la monarchie de Juillet et chacun contribue, à sa façon, à redéfinir les genres littéraires.

Le roman est complètement repensé. Vigny (*Cinq-Mars*), Hugo (*Notre-Dame de Paris*) et Dumas (*Les trois mousquetaires*) s'inspirent de Walter Scott et imposent le roman historique comme genre majeur de l'époque romantique. La poésie est aussi renouvelée : elle sort d'une grave crise de deux siècles et renaît essentiellement sous sa forme lyrique. La publication des *Méditations poétiques* de Lamartine, dès 1820, cause un véritable choc esthétique dans l'opinion qui comprend que quelque chose de nouveau vient de se produire. Chez Lamartine comme chez bien d'autres romantiques, de nouvelles émotions sont exprimées dans un rythme qui n'est plus uniquement porté par la versification. Les figures de style, décoratives dans les œuvres classiques, accentuent les sentiments qui occupent désormais tout

Contexte

l'espace du poème. La période de la Restauration voit Hugo, Vigny, Lamartine, Sainte-Beuve publier leurs premiers chefs-d'œuvre, mais sous la monarchie de Juillet, avec l'arrivée d'une nouvelle génération (Gautier, Musset, Nerval), la poésie lyrique s'impose à tel point que l'image du poète se confond dorénavant avec la figure du héros romantique (sans doute par l'intermédiaire du mythe de Byron, mort en 1824). Musset s'impose alors comme un grand poète lyrique et élégiaque*, notamment avec la publication de ses *Nuits*, entre 1835 et 1837, dans lesquelles il s'interroge sur l'inspiration poétique et présente le poème comme l'instrument de la transfiguration poétique de la souffrance.

Enfin, le théâtre est bien évidemment le lieu idéal de l'affirmation du romantisme, car c'est un art dont l'expression est nécessairement publique. La pièce *Hernani** de Victor Hugo, jouée en 1830, sera déterminante dans le conflit qui oppose défenseurs de la tradition et adeptes du renouveau. Après quatre mois de représentation, la pièce emporte finalement l'adhésion des spectateurs. Un nouveau genre émerge : le drame romantique, qui s'inspire des tragédies de Shakespeare, des tragi-comédies de Corneille et de l'époque baroque. Il se caractérise par le refus des règles classiques (unités de temps, de lieu, voire d'action, de vraisemblance, de bienséance*), par la tendance à l'expression de la totalité de la vie et du caractère (d'où le mélange des genres et des registres), par le goût pour les larges tableaux historiques empreints de couleur locale, par l'affirmation d'un héros épris d'absolu mais en butte à la médiocrité d'un milieu qui le rejette. Dumas (*Henri III et sa cour*, *Antony*), Hugo (*Cromwell*, *Hernani*, *Ruy Blas*), Vigny (*La maréchale d'Ancre*, *Chatterton*), Musset (*Lorenzaccio*) donnent ses lettres de noblesse à ce nouveau genre.

L'échec des *Burgraves* de Hugo en 1843 est le signe d'un retournement de l'opinion vers le théâtre naturaliste. Seul parmi les écrivains romantiques, Musset tente

Élégiaque

Tonalité lyrique triste, plaintive, désespérée. L'adjectif provient d'un genre de poème, l'élégie, destiné à déplorer la perte d'un être cher, puis, par extension, d'un amour éphémère.

Hernani

Drame de Victor Hugo dont la présentation fut le point de départ d'une véritable bataille entre ceux qui se réclamaient de la tradition classique et les romantiques qui voulaient renouveler la littérature.

Bienséance

Règle du théâtre classique qui consiste à interdire la représentation de tout ce qui pourrait aller à l'encontre du sens moral et du bon goût.

* : *Cf.* Glossaire

Intrigue

Système classique qui structure l'action dramatique en différentes parties comme l'exposition*, le nœud*, les péripéties* et le dénouement*.

d'accommoder la comédie à la complexité de l'âme romantique. Comme pour le drame, l'intrigue* implique le choc des valeurs et illustre les difficultés d'adaptation des individus à une situation souvent imposée par d'autres. Le dénouement* tragique véhicule un message d'ordre moral. Mais ce qui fait la force de Musset dans *On ne badine pas avec l'amour*, c'est qu'en plus de la réflexion approfondie sur l'amour et le rapport homme-femme, il imagine une action plaisante : les personnages sont contrastés, le couple central séduit par sa jeunesse et sa beauté, les réparties sont vives et élégantes.

À retenir

- La période de la monarchie de Juillet (1830-1848) marque l'apogée du romantisme, tout comme la fin de cette période entraîne également son déclin.
- Le romantisme renouvelle le roman, la poésie et le théâtre en défiant les règles classiques, en mettant l'accent sur l'émotion et la subjectivité plutôt que sur la raison.
- Musset est le seul à ce moment à tenter de redéfinir la comédie en lui appliquant les règles du drame romantique.

Dénouement

Désigne la fin d'une pièce, le moment où s'effectue la résolution du nœud.

* : *Cf.* Glossaire

Tableau synthèse
des caractéristiques du romantisme

Époque et principaux représentants	• **Première moitié du XIXᵉ siècle** : d'un Napoléon à l'autre avec un intermède monarchiste, la France n'oublie pas les idéaux de la Révolution. • **En France** : Chateaubriand, Mᵐᵉ de Staël, Lamartine, Musset, Vigny, Hugo, George Sand, Alexandre Dumas. • **Au Québec** : le romantisme est plus tardif et son influence s'exerce de façon diffuse sur plusieurs écrivains de la fin du XIXᵉ siècle jusqu'au début du XXᵉ siècle, mais de façon plus marquée sur Octave Crémazie, François-Xavier Garneau, Louis Fréchette.
Caractéristique générale : expression de la subjectivité et de l'émotion	• Les écrivains romantiques s'illustrent également dans tous les genres littéraires, mais ils abordent la littérature surtout en poètes. La poésie est donc à l'époque le genre de prédilection, mais le théâtre et les récits romantiques rejoignent, hier comme aujourd'hui, un plus grand public. • Le but est de peindre la réalité extérieure ou intérieure d'un point de vue personnel en favorisant le ton confidentiel, le lyrisme et le pathétique*.
Intrigues intenses donnant généralement la primauté à l'imaginaire	• Tendance à l'idéalisation des personnages. • Personnages masculins jeunes conçus à l'image de leur créateur, artistes et souvent marginaux. • Amants ténébreux, héros désillusionnés. • Personnages féminins idéalisés et contrastés (stéréotypes de la femme pure et de la femme fatale). • Action souvent à multiples rebondissements. • Moralisme dans les dénouements.

*: Cf. Glossaire

Tableau synthèse des caractéristiques du romantisme (suite)

Thématique du rêve, de l'évasion et désir d'élévation vers des idéaux	• Le déchirement amoureux : l'amour se conjugue avec la mort et la peur. • L'ennui de vivre, l'obsession du temps qui passe. • L'évasion — dans la nature (refuge lyrique), — vers des pays étrangers (goût du pittoresque et couleur locale), — vers le passé, — dans le rêve. • Importance de la Révolution et de Napoléon comme sources d'inspiration. • Appel à l'engagement social (souvent associé à un humanisme chrétien).
Écriture d'exploration et de libération des règles	• Assurer la primauté de l'inspiration sur l'imitation et le respect des règles. • Exploration stylistique, invention de nouvelles formes (drame romantique, comédie sentimentale). • Style imagé (emploi de multiples figures de style), porté vers la virtuosité (tendance aux répétitions et aux énumérations, goût pour les antithèses).

Présentation de la pièce

Premièrement, quels liens peut-on établir entre l'ensemble de ces connaissances et la pièce On ne badine pas avec l'amour ?
Deuxièmement, en quoi ces connaissances peuvent-elles contribuer à une meilleure compréhension de la pièce ?

Liens avec la description de l'époque

On ne badine pas avec l'amour est à la fois une critique de la mentalité de l'époque et une pièce mettant en place une problématique sentimentale tout en constituant l'exemple parfait de l'intégration des caractéristiques du drame romantique à la comédie. La connaissance de la biographie d'Alfred de Musset éclaire également notre compréhension, notamment sa liaison avec George Sand. On sait que Musset, par la voix de son héroïne, exprime certaines idées féministes de la femme anti-conformiste avec laquelle il vient tout juste de rompre. Le spectateur ne peut qu'être sensible à la profonde sincérité des échanges amoureux entre Camille et Perdican, tout en voyant qu'il y a là deux conceptions de l'amour qui s'affrontent.

La critique de l'époque et la satire du pouvoir

D'un certain point de vue, par son évidente imprécision temporelle, la pièce s'apparente à une histoire éternelle et primordiale, à un mythe. Les mots du chœur dans la scène d'exposition peuvent s'interpréter dans ce sens comme le mythe de l'innocence et de l'enfance perdues : « Puissions-nous retrouver l'enfant dans le cœur de l'homme ! » On note ici un thème d'une importance capitale chez les romantiques : la nostalgie de l'enfance. Ainsi en est-il de Perdican qui cherche à retrouver les lieux, les gens et les émotions d'autrefois. Mais on peut aussi voir dans cette idéalisation du passé le reflet d'une jeunesse française privée d'avenir par une société répressive qui rêve de la France glorieuse d'avant la Révolution.

La pièce, avec une ironie grinçante, présente la France de 1834 comme un nouveau Moyen Âge : les archaïsmes de la scène d'exposition (les termes « nonnain », « butors » et « bombance ») ramènent le lecteur vers l'époque féodale. Musset interprète ainsi les régimes de la Restauration, puis de la monarchie de Juillet comme des anachronismes de l'histoire. Selon lui, on est loin évidemment de la vertu révolutionnaire et de l'énergie napoléonienne, mais, en outre, on n'a pas retrouvé non plus l'élégance aristocratique et élitiste de l'Ancien Régime, et notamment du règne de Louis XV.

La monarchie de Juillet est tout simplement le règne de la médiocrité, de la bêtise, de l'argent. Le baron incarne ces notables (et sans doute, symboliquement, leur modèle, c'est-à-dire le premier d'entre eux, le roi Louis-Philippe) sur lesquels s'appuie le pouvoir en place : il endosse des habits trop grands pour l'étroitesse de son individu et son discours d'homme d'État, par son enflure ridicule, sonne comme une parodie dérisoire : « [...] la place que j'occupe et la gravité de mon habit me forcent à rester dans ce château pendant trois mois d'hiver et trois mois d'été. Il est impossible de faire le bonheur des hommes en général, et de ses vassaux en particulier, sans donner parfois à son valet de chambre l'ordre rigoureux de ne laisser entrer personne. Qu'il est austère et difficile, le recueillement de l'homme d'État ! et quel plaisir ne trouverai-je pas à tempérer, par la présence de mes deux enfants réunis, la sombre tristesse à laquelle je dois nécessairement être en proie depuis que le roi m'a nommé receveur » (acte I, scène 2).

Le baron, représentant d'une vieille aristocratie, apparaît sans utilité quelconque et sans influence notable sur son environnement. En revanche, son pouvoir est entièrement voué à l'accroissement des richesses. Il répond à l'appel de Guizot (« Enrichissez-vous ! ») et décide de faire « un mariage d'argent » (titre d'une comédie de Scribe, en 1827) pour rentrer dans ses frais, amortir son investissement, faire une prise de bénéfices (c'est une fusion de capitaux !) : « J'ai formé le dessein de marier mon fils avec ma nièce ; c'est un couple assorti : leur éducation me coûte six mille écus [...] ; six mille écus ne sont pas une bagatelle, il ne faut pas s'y tromper » (acte I, scène 2). Toutefois, même le mariage longtemps préparé entre sa nièce et son fils lui échappe, comme s'il n'avait même aucun pouvoir sur les deux êtres dont il est légalement responsable.

La satire de la religion

Dans *On ne badine pas avec l'amour*, tout doit être au service de l'argent-roi, même Dieu : la religion couvre ce montage financier que représente l'union entre Perdican et Camille, puisque l'Église a fourni sans sourciller les « dispenses » pour un type de mariage (entre cousins) qu'elle interdit pourtant formellement. Le curé Bridaine verra sa paroisse profiter financièrement d'un mariage de cette importance. Dans la pièce, les représentants de la religion incarnent tous les vices de la nouvelle société : cupidité, bêtise, arrivisme et ambition personnelle, délation.

Blazius et Bridaine, symboles d'un clergé profiteur et intéressé, ne pensent qu'à satisfaire leurs besoins insatiables de nourriture et de boisson. Quant à dame Pluche, elle défend auprès de Camille une pureté et une innocence dont elle est elle-même fort éloignée. Il suffit de relire la description que nous fait d'elle le chœur dans l'exposition ou de s'attarder à son langage pour se convaincre qu'elle est bien loin de ce qu'elle prêche à la jeune fille. Ce sont d'ailleurs Blazius et Pluche qui incitent Perdican et Camille à être odieux (pédant et supérieur pour l'un, hautaine et méprisante pour l'autre) pour mieux « se vendre » dans le cadre d'un mariage qui s'apparente à une opération mercantile, à laquelle une religion dévaluée prête son aide (le curé Bridaine consacrera ce mariage par pur intérêt).

Perdican et Camille fuient à leur façon, dans le temps ou dans l'espace, un monde dénaturé et inauthentique : le premier en se réfugiant dans le souvenir du monde de l'enfance, qu'incarnent pour lui Rosette et le chœur, la seconde en voulant vivre dans le monde divin de la réclusion monastique. La jeunesse méritante, désengagée, laisse alors la place libre à la bêtise et à la médiocrité des bourgeois. Cette collusion de l'Église, de l'argent et du pouvoir sera explicitement dénoncée deux ans plus tard, en 1836, par Musset dans *La confession d'un enfant du siècle* : « Quand les enfants parlaient de gloire, on leur disait : Faites-vous prêtres ; quand ils parlaient d'ambition : Faites-vous prêtres ; d'espérance, d'amour, de force, de vie : Faites-vous prêtres. »

Liens avec les courants artistiques et littéraires de l'époque

Le mal du siècle

Le dénouement tragique mais également la sollicitation d'un registre* continûment ironique font de cette pièce une comédie profondément désenchantée, tout empreinte de cette « maladie du siècle », cette mélancolie si caractéristique du romantisme, de cette énergie sans emploi, de cette jeunesse privée d'avenir par une société et un pouvoir politique finalement hostiles à l'intelligence créatrice. L'échec et la désillusion de Perdican et de Camille illustrent l'incapacité romantique à atteindre le bonheur pour des raisons qui tiennent aux

Registre

Manifestation dans le langage de l'émotion produite par un texte sur la sensibilité du lecteur : émouvoir, faire pleurer (registre **pathétique**), exprimer ses sentiments personnels (**lyrique**), exprimer et provoquer de la peur (**fantastique**), critiquer sérieusement (**polémique**), critiquer plaisamment (**satirique et ironique**), faire rire (**comique**), amplifier un événement (**épique**).

* : Cf. Glossaire

circonstances, et aussi à l'esprit désenchanté de cette génération qui s'inquiète et ne croit plus à rien: « Un sentiment de malaise inexprimable commença donc à fermenter dans tous les cœurs jeunes. Condamnés au repos par les souverains du monde, livrés aux cuistres de toute espèce, à l'oisiveté et à l'ennui, les jeunes gens voyaient se retirer d'eux les vagues écumantes contre lesquelles ils avaient préparé leur bras. Tous ces gladiateurs frottés d'huile se sentaient au fond de l'âme une misère insupportable. Les plus riches se firent libertins; ceux d'une fortune médiocre prirent un état et se résignèrent soit à la robe, soit à l'épée; les plus pauvres se jetèrent dans l'enthousiasme à froid, dans les grands mots, dans l'affreuse mer de l'action sans but. Comme la faiblesse humaine cherche l'association et que les hommes sont troupeaux de nature, la politique s'en mêla. On s'allait battre avec les gardes du corps sur les marches de la chambre législative, on courait à une pièce de théâtre où Talma portait une perruque qui le faisait ressembler à César, on se ruait à l'enterrement d'un député libéral. Mais des membres des deux partis opposés, il n'en était pas un qui, en rentrant chez lui, ne sentît amèrement le vide de son existence et la pauvreté de ses mains. En même temps que la vie au dehors était si pâle et si mesquine, la vie intérieure de la société prenait un aspect sombre et silencieux; l'hypocrisie la plus sévère régnait dans les mœurs; les idées anglaises se joignant à la dévotion, la gaîté même avait disparu » (Musset, *La confession d'un enfant du siècle*).

L'amour comme absolu

Pour Musset et les romantiques en général, l'amour est le seul sentiment qui permet de sentir qu'on existe vraiment et de s'échapper de l'ennui, le seul sentiment qui permet à l'être de coïncider avec lui-même, d'être authentique et sincère, le seul sentiment qui réconcilie l'âme et le corps, séparés dans l'abstinence comme dans la débauche. Musset en a fait l'éloge dans un passage de *La confession d'un enfant du siècle* qui reprend et amplifie des éléments contenus dans la fin de la scène 5 de l'acte II et dans la dernière scène de la pièce : « Sublime élan de la créature, communion universelle des êtres, volupté trois fois sainte […] Amour ! Ô principe du monde ! flamme précieuse que la nature entière, comme une vestale inquiète, surveille incessamment dans le temple de Dieu ! Foyer de tout, par qui tout existe ! »

Dans *On ne badine pas avec l'amour*, Musset met en scène sa propre dualité et son ambiguïté face à un sentiment lyrique qu'il érige en expérience sacrée, mystique et presque religieuse : il oscille entre l'adoration et le blasphème, entre l'amour pur (donc impossible) et la débauche. Perdican incarne un romantisme de la désillusion : seul l'amour présente une valeur dans un monde dévalué en proie au pouvoir absolu des personnages grotesques qui l'entourent (le baron, Blazius, Bridaine et Pluche), il devient l'unique expérience qui justifie l'existence individuelle et le monde tel qu'il est. Camille, en revanche, a un besoin d'absolu dans l'amour qui la conduit à entrer en conflit avec le monde. Camille refuse de transiger et d'éprouver son absolu dans le temps, dans le monde du relatif. À l'inverse, elle envisage l'amour selon le critère du tout ou rien ; or le monde ne propose que du plus ou moins d'amour, dans l'intensité comme dans la durée. Cette double conception de l'amour trouvera néanmoins à la dernière scène de la pièce une situation de conciliation, éphémère mais intense : Camille oubliera, par orgueil, le mensonge de l'amour divin et impossible, tandis que Perdican cessera, par désillusion, de dégrader l'amour en débauche. L'évolution de la pièce montre, trop tard, que l'amour constitue la part divine de l'homme et la dernière scène met en valeur cette dimension de l'amour qui se présente comme une expérience limite où l'homme se met en contact avec l'absolu, avec Dieu, avec ce qui le dépasse et le rend plus qu'un homme, ne serait-ce que le temps d'un instant. Les personnages secondaires, qui sont essentiellement des caricatures du pouvoir et de la religion, incarnent le monde de l'absence d'amour, ce monde où l'homme ne se dépasse pas vers ce qu'il doit être, ce monde où l'homme n'est plus un homme, mais une marionnette, un automate, un masque ou une simple mécanique corporelle.

Liens avec la vie de Musset

La liaison avec George Sand

La pièce est écrite pendant sa liaison avec George Sand (fin juillet 1833 – mars 1835). La publication de la pièce le 1er juillet 1834 se situe à un moment où les deux amants sont séparés (depuis le printemps 1834) : Musset est revenu à Paris et a laissé George Sand à Venise (elle ne reviendra qu'en août 1834). La pièce peut être comprise, selon une logique propre au romantisme, comme la sublimation artistique de cette souffrance. La correspondance avec Sand, elle, montre les hésitations de Musset qui oscille entre l'amitié, l'amour et le dépit.

Quand Musset analyse l'échec de leur amour, il interprète en premier lieu leur relation comme une sorte d'« inceste » de même que Camille (acte I, scène 2) semble ressentir avec une certaine ambiguïté, bien légitime, leur rapport de cousinage, et Musset propose comme Perdican (acte II, scène 1) de convertir l'amour en amitié : « Pauvre George ! pauvre chère enfant ! tu t'étais trompée, tu t'es crue ma maîtresse, tu n'étais que ma mère ; le ciel nous avait fait l'un pour l'autre ; nos intelligences, dans leur sphère élevée, se sont reconnues comme deux oiseaux des montagnes, elles ont volé l'une vers l'autre. Mais l'étreinte a été trop forte ; c'est un inceste que nous commettions [...]. Que mon amitié ne te soit jamais importune, respecte-la cette amitié plus ardente que l'amour, c'est tout ce qu'il y a de bon en moi, pense à cela, c'est l'ouvrage de Dieu, tu es le fil qui me rattache à lui » (lettre de Musset à George Sand du 4 avril 1834).

Dans la tirade de Perdican (acte II, scène 5), Musset va même jusqu'à transposer une lettre de George Sand en répliques théâtrales : « il n'y a au monde que l'amour qui soit quelque chose. Peut-être est-ce une faculté divine qui se perd et qui se retrouve, qu'il faut cultiver ou qu'il faut acheter par des souffrances cruelles, par des expériences douloureuses [...], ton bon cœur, ne le tue pas, je t'en prie. Qu'il se mette tout entier ou en partie dans toutes les amours de ta vie, mais qu'il joue toujours son rôle noble, afin qu'un jour tu puisses regarder en arrière et dire comme moi, j'ai souffert souvent, je me suis trompé quelquefois mais j'ai aimé. C'est moi qui ai vécu et non pas un être factice créé par mon orgueil et mon ennui » (lettre de George Sand à Alfred de Musset du 12 mai 1834).

Le dénouement de la pièce baigne, pour ainsi dire, dans l'atmosphère de cette correspondance empreinte de repentir, d'amour sublimé et purifié de tout amour-propre, de tout orgueil de mauvais aloi. Deux lettres de George à Alfred, datées des 15 et 17 avril 1834, se présentent comme une sorte de confession très proche du ton du début de la scène 8 de l'acte III : « Je sais que je t'aime, et c'est tout. [...] Oh malheur à nous, si nous nous étions séparés dans un jour de colère, sans nous comprendre, sans nous expliquer ! C'est alors qu'une pensée odieuse eût empoisonné notre vie entière, c'est alors que nous n'aurions jamais cru à rien. Mais aurions-nous pu nous séparer ainsi ? Ne l'avons-nous pas tenté en vain plusieurs fois, nos cœurs enflammés d'orgueil et de ressentiment ne se brisaient-ils pas de douleur et de regret chaque fois que nous nous trouvions seuls ? »

Musset
en son temps

	Vie et œuvre de Musset	Événements historiques	Événements culturels et scientifiques
1789		Révolution française. Déclaration des droits de l'homme et du citoyen.	Invention de la guillotine, qui servira dès 1791 à couper la tête des condamnés à mort.
1791		Au Canada, adoption de l'Acte constitutionnel par le Parlement britannique.	
1792		Abolition de la royauté et proclamation de la Iᵉ République.	
1793		Exécution de Louis XVI et de Marie-Antoinette.	
1796			Goethe, *Les années d'apprentissage de Wilhelm Meister*.
1799		Coup d'État de Napoléon Iᵉʳ. Fin de la Révolution.	
1800			Développement de l'électricité avec Volta et Ohm.
1802			Chateaubriand, *René*.
1803		Napoléon vend la Louisiane aux États-Unis.	
1804-1814		Premier Empire dirigé par Napoléon.	
1810	Naissance d'Alfred de Musset à Paris le 11 décembre.		
1814		Abdication de Napoléon Iᵉʳ.	
1814-1815		Première Restauration (retour à la monarchie), début du règne de Louis XVIII.	

	Vie et œuvre de Musset	Événements historiques	Événements culturels et scientifiques
1818			Mary Shelley, *Frankenstein*.
1819	Entrée du jeune Musset au collège Henri IV.		Géricault, *Le radeau de la Méduse* (tableau qui apparaît comme un manifeste pour le romantisme en peinture). Walter Scott, *Ivanhoé*.
1820			Lamartine, *Méditations poétiques*.
1824-1930		Règne de Charles X.	
1824	Premiers poèmes de Musset.		
1827	Obtention du baccalauréat.		
1828	Études en droit, en médecine et en dessin (non terminées). Traduit de l'anglais un roman de Thomas de Quincey : *L'Anglais mangeur d'opium*. Fréquente les salons littéraires et fait partie du « Cénacle » romantique.		Victor Hugo, *Les orientales*.

	Vie et œuvre de Musset	Événements historiques	Événements culturels et scientifiques
1829	Publication des *Contes d'Espagne et d'Italie* (recueil de 15 pièces en vers).		Mise au point par Braille d'un système de lecture et d'écriture pour les aveugles. Éclairage au gaz dans les rues de Paris.
1830			Triomphe du romantisme musical français : Berlioz, *Symphonie fantastique*. Stendhal, *Le rouge et le noir*.
1830-1848	Échec de sa pièce *La nuit vénitienne* au théâtre de l'Odéon.	Monarchie de Juillet : règne de Louis-Philippe.	
1831		Accession de Guizot à la tête du gouvernement.	Triomphe du romantisme dans la peinture française avec Delacroix : *La Liberté guidant le peuple*. Victor Hugo, *Notre-Dame de Paris*.
1832	Mort de son père touché par le choléra. Publication de *Un spectacle dans un fauteuil, La coupe et les lèvres, À quoi rêvent les jeunes filles, Namouna*.	La pandémie de choléra atteint la France.	George Sand, *Indiana*.

	Vie et œuvre de Musset	Événements historiques	Événements culturels et scientifiques
1833	Collaboration de Musset à la *Revue des deux mondes*. Liaison amoureuse avec George Sand. Départ des amants pour l'Italie. Publication des *Caprices de Marianne* (comédie) et de *André del Sarto* (drame).		
1834	Rupture avec George Sand à Venise et retour de Musset à Paris. Publication de la seconde partie de *Un spectacle dans un fauteuil*, de *On ne badine pas avec l'amour et Fantasio* (comédies) et de *Lorenzaccio* (drame).		

	Vie et œuvre de Musset	Événements historiques	Événements culturels et scientifiques
1835	Rupture définitive avec George Sand et publication de poèmes (*Nuit de mai, Nuit de décembre*) et d'une comédie (*Le chandelier*).		Parution de l'œuvre importante de Tocqueville: *De la démocratie en Amérique*.
1836	Publication de *La confession d'un enfant du siècle* (récit), *Il ne faut jurer de rien* (comédie) et *Nuit d'août* (poème).		
1837	Parution de *Un caprice* (comédie), *Nuit d'octobre* (poème), *Emmeline* et *Les deux maîtresses* (nouvelles).	Début de la Rébellion des Patriotes au Bas-Canada.	Invention du télégraphe électrique par Samuel Morse.

	Vie et œuvre de Musset	Événements historiques	Événements culturels et scientifiques
1838	Nomination de Musset au poste de conservateur de la bibliothèque du ministère de l'Intérieur. Parution des nouvelles *Le fils du Titien, Frédéric et Bernerette* et *Margot*.	Fin de la Rébellion des Patriotes.	Premier daguerréotype, procédé photographique développé par Daguerre.
1839	Publication de *Croisilles* (nouvelle).		
1840	Édition des *Poésies complètes* et des *Comédies et proverbes*.	Publication du Rapport Durham recommandant l'assimilation des Canadiens français par les Britanniques.	Poe, *Histoires extraordinaires*.
1841		L'Acte d'union unit le Haut et le Bas-Canada.	Balzac, *La comédie humaine*.
1843			Échec des *Burgraves* de Victor Hugo, marque le déclin du romantisme français.
1844			Dumas, *Les trois mousquetaires*.
1845	Parution de *Il faut qu'une porte soit ouverte ou fermée*. Musset reçoit la Légion d'honneur.		

	Vie et œuvre de Musset	Événements historiques	Événements culturels et scientifiques
1848	Musset perd son emploi de bibliothécaire.	Révolution de février : abdication de Louis-Philippe ; proclamation de la IIe République ; élection de Napoléon III.	Début du réalisme en peinture avec Courbet et Daumier.
1849	Publication de *On ne saurait penser à tout.*		Eugène Sue, *Les mystères du peuple* (roman-feuilleton).
1851		Coup d'État de Louis-Napoléon Bonaparte.	Melville, *Moby Dick.*
1852	Élection de Musset à l'Académie française. Édition chronologique et définitive de ses poésies.	Proclamation du Second Empire.	Un Français fait décoller le premier dirigeable.
1853	Musset reprend son emploi de bibliothécaire.		
1854	Édition complète des *Comédies et proverbes*. Musset publie ses contes.		George Sand, *Histoire de ma vie* (autobiographie).
1857	Musset meurt le 2 mai à Paris.		Flaubert, *Madame Bovary.* Baudelaire, *Les fleurs du mal.*
1859			Charles Darwin, *L'origine des espèces par la sélection naturelle.*

	Vie et œuvre de Musset	Événements historiques	Événements culturels et scientifiques
1861	Première présentation à la Comédie-Française de *On ne badine pas avec l'amour*, mais la pièce est modifiée et censurée.		
1862			Victor Hugo, *Les misérables*.
1861-1865		Guerre de Sécession aux États-Unis.	
1865			Loi de l'hérédité de Mendel. Claude Bernard, *Introduction à l'étude de la médecine expérimentale*.
1867			Exposition universelle de Paris.
1869		Fédération canadienne (Acte de l'Amérique du Nord britannique).	
1869			Classification des éléments périodiques de Mendeléïev.
1870		Guerre franco-prussienne: déclaration de guerre à la Prusse; défaite de la France; abdication de Napoléon III. Défaite de l'armée française, perte de l'Alsace et d'une grande partie de la Lorraine. Le choc de la défaite s'inscrit dans l'inconscient collectif. La montée du nationalisme doit beaucoup à ce désir de revanche.	
1870-1940		IIIᵉ République.	

Alf^d de musset

On ne badine pas avec l'amour

Alfred de Musset

Personnages

LE BARON.

PERDICAN, *son fils.*

MAÎTRE[1] BLAZIUS, *gouverneur[2] de Perdican.*

MAÎTRE BRIDAINE, *curé.*

CAMILLE, *nièce du baron.*

DAME PLUCHE, *sa gouvernante.*

ROSETTE, *sœur de lait[3] de Camille.*

LE CHŒUR[4] *de paysans.*

---

notes

1. Maître : terme ancien qui désigne au départ une spécialisation dans un métier, puis devient une sorte de titre pour la classe moyenne et la bourgeoisie (avec une connotation parfois ironique*) sous l'Ancien Régime.

2. gouverneur (au féminin, gouvernante) : terme ancien qui désigne celui qui s'occupe de l'éducation d'un enfant sous l'Ancien Régime.

3. sœur de lait : signifie que Rosette est la fille de la nourrice qui a allaité Camille en même temps qu'elle. Dans une famille noble, on faisait allaiter les enfants en bas âge par une femme (la nourrice) d'origine modeste, qui venait d'avoir un enfant, et qui avait donc du lait.

4. Le Chœur : personnage collectif issu de la tragédie antique, qui comporte parfois un chef et porte-parole (le coryphée) s'exprimant au nom du groupe.

Acte I

Scène 1

Une place devant le château.

Le Chœur, Maître Blazius, Dame Pluche

passage analysé

Le Chœur – Doucement bercé sur sa mule fringante, messer[1] Blazius s'avance dans les bluets[2] fleuris, vêtu de neuf, l'écritoire[3] au côté. Comme un poupon sur l'oreiller, il se ballotte sur son ventre rebondi, et, les yeux à demi fermés, il marmotte un *Pater noster*[4] dans son triple menton. Salut, maître Blazius, vous arrivez au temps de la vendange, pareil à une amphore[5] antique.

---

notes

1. messer : mot ancien d'origine italienne signifiant *messire* (monseigneur, monsieur). Il s'emploie depuis le XVIᵉ siècle dans un contexte ironique*.
2. bluets : bleuets (fleurs d'été).
3. écritoire : étui ou coffret prenant parfois la forme d'un pupitre et contenant ce qu'il faut pour écrire.

4. Paster noster : forme latine de la prière chrétienne la plus importante adressée à Dieu, dite « Notre Père » (incipit* de la prière) en français.
5. amphore : vase antique à deux anses symétriques.

MAÎTRE BLAZIUS – Que ceux qui veulent apprendre une nouvelle d'importance m'apportent ici premièrement un verre de vin frais.

LE CHŒUR – Voilà notre plus grande écuelle ; buvez, maître Blazius ; le vin est bon ; vous parlerez après.

MAÎTRE BLAZIUS – Vous saurez, mes enfants, que le jeune Perdican, fils de notre seigneur, vient d'atteindre à sa majorité, et qu'il est reçu docteur[1] à Paris. Il revient aujourd'hui même au château, la bouche toute pleine de façons de parler si belles et si fleuries, qu'on ne sait que lui répondre les trois quarts du temps. Toute sa gracieuse personne est un livre d'or[2] ; il ne voit pas un brin d'herbe à terre, qu'il ne vous dise comment cela s'appelle en latin ; et quand il fait du vent ou qu'il pleut, il vous dit tout clairement pourquoi. Vous ouvririez des yeux grands comme la porte que voilà, de le voir dérouler un des parchemins qu'il a coloriés d'encres de toutes couleurs, de ses propres mains et sans en rien dire à personne. Enfin c'est un diamant fin des pieds à la tête, et voilà ce que je viens annoncer à M. le baron. Vous sentez que cela me fait quelque honneur, à moi, qui suis son gouverneur depuis l'âge de quatre ans ; ainsi donc, mes bons amis, apportez une chaise que je descende un peu de cette mule-ci sans me casser le cou ; la bête est tant soit peu rétive[3], et je ne serais pas fâché de boire encore une gorgée avant d'entrer.

LE CHŒUR – Buvez, maître Blazius, et reprenez vos esprits. Nous avons vu naître le petit Perdican, et il n'était pas besoin, du moment qu'il arrive, de nous en dire si long. Puissions-nous retrouver l'enfant dans le cœur de l'homme !

passage analysé

notes

1. **docteur** : titulaire d'un doctorat, titre universitaire suprême qui clôt les études.
2. **livre d'or** : à l'origine, désigne, à Venise, le livre dans lequel sont inscrits en lettres d'or les noms des grandes familles nobles, puis les noms et les faits célèbres.

3. **rétive** : qui s'arrête ou recule au lieu d'avancer.

MAÎTRE BLAZIUS – Ma foi, l'écuelle est vide ; je ne croyais pas avoir tout bu. Adieu ; j'ai préparé, en trottant sur la route, deux ou trois phrases sans prétention qui plairont à monseigneur ; je vais tirer la cloche.

40 *(Il sort.)*

LE CHŒUR – Durement cahotée sur son âne essoufflé, dame Pluche gravit la colline ; son écuyer transi[1] gourdine[2] à tour de bras le pauvre animal, qui hoche la tête, un chardon entre les dents. Ses longues jambes maigres trépignent de colère, tandis

45 que, de ses mains osseuses, elle égratigne son chapelet. Bonjour donc, dame Pluche ; vous arrivez comme la fièvre, avec le vent qui fait jaunir les bois.

DAME PLUCHE – Un verre d'eau, canaille que vous êtes ! un verre d'eau et un peu de vinaigre !

50 LE CHŒUR – D'où venez-vous, Pluche, ma mie[3] ? Vos faux cheveux sont couverts de poussière ; voilà un toupet[4] de gâté, et votre chaste robe est retroussée jusqu'à vos vénérables jarretières.

DAME PLUCHE – Sachez, manants, que la belle Camille, la nièce de votre maître, arrive aujourd'hui au château. Elle a quitté le

55 couvent sur l'ordre exprès de monseigneur, pour venir en son temps et lieu recueillir, comme faire se doit, le bon bien qu'elle a de sa mère. Son éducation, Dieu merci, est terminée, et ceux qui la verront auront la joie de respirer une glorieuse[5] fleur de sagesse et de dévotion. Jamais il n'y a rien eu de si pur, de si

60 ange, de si agneau et de si colombe que cette chère nonnain[6] ;

passage analysé

notes ....

1. transi : comme paralysé par le froid, ou comme ici par la crainte.
2. gourdine : néologisme, signifie « donne des coups de gourdin, de bâton ».
3. ma mie : archaïsme*, contraction de « m(a) amie » (mon amie). Emploi ironique* ici.
4. toupet : petite perruque placée sur la partie haute de la tête.

5. glorieuse : caractérise une parfaite éducation religieuse qui participe de la gloire de Dieu.
6. nonnain : désigne une nonne (religieuse) en français médiéval. Cet archaïsme prend une connotation humoristique ou ridicule en français moderne.

que le Seigneur Dieu du Ciel la conduise! Ainsi soit-il. Rangez-vous, canaille; il me semble que j'ai les jambes enflées.

LE CHŒUR – Défripez-vous, honnête Pluche; et quand vous prierez Dieu, demandez de la pluie; nos blés sont secs comme vos tibias.

DAME PLUCHE – Vous m'avez apporté de l'eau dans une écuelle qui sent la cuisine; donnez-moi la main pour descendre; vous êtes des butors[1] et des malappris.

(Elle sort.)

LE CHŒUR – Mettons nos habits du dimanche, et attendons que le baron nous fasse appeler. Ou je me trompe fort, ou quelque joyeuse bombance[2] est dans l'air aujourd'hui.

(Ils sortent.)

Scène 2

Le salon du baron.

LE BARON, MAÎTRE BLAZIUS, MAÎTRE BRIDAINE,
DAME PLUCHE, PERDICAN, CAMILLE

Entrent LE BARON, MAÎTRE BRIDAINE *et* MAÎTRE BLAZIUS.

LE BARON – Maître Bridaine, vous êtes mon ami; je vous présente maître Blazius, gouverneur de mon fils. Mon fils a eu hier matin, à midi huit minutes, vingt et un ans comptés; il est docteur à quatre boules blanches[3]. Maître Blazius, je vous présente maître Bridaine, curé de la paroisse; c'est mon ami.

notes ....

1. butors: archaïsme*, désigne, au sens propre, des oiseaux échassiers (les bœufs d'eau) et au sens figuré, en français classique, des personnes grossières, rustres, sans éducation.
2. bombance: terme vieilli, synonyme de *festin*, *ripaille* (terme que l'on trouve encore dans la locution «faire bombance»).

3. docteur à quatre boules blanches: la boule blanche désigne la mention *très bien* à l'examen (la rouge, la mention *passable* et la noire, l'*échec*). Perdican a donc été reçu docteur à l'unanimité du jury dans les quatre disciplines présentées.

MAÎTRE BLAZIUS, *saluant.* – À quatre boules blanches, seigneur ! littérature, botanique, droit romain, droit canon[1].

LE BARON – Allez à votre chambre, cher Blazius, mon fils ne va pas tarder à paraître ; faites un peu de toilette, et revenez au coup de la cloche. *(Maître Blazius sort.)*

MAÎTRE BRIDAINE – Vous dirai-je ma pensée, monseigneur ? le gouverneur de votre fils sent le vin à pleine bouche.

LE BARON – Cela est impossible.

MAÎTRE BRIDAINE – J'en suis sûr comme de ma vie ; il m'a parlé de fort près tout à l'heure ; il sentait le vin à faire peur.

LE BARON – Brisons là[2] ; je vous répète que cela est impossible.

(Entre dame Pluche.)

Vous voilà, bonne dame Pluche ! Ma nièce est sans doute avec vous ?

DAME PLUCHE – Elle me suit, monseigneur ; je l'ai devancée de quelques pas.

LE BARON – Maître Bridaine, vous êtes mon ami. Je vous présente la dame Pluche, gouvernante de ma nièce. Ma nièce est depuis hier, à sept heures de nuit, parvenue à l'âge de dix-huit ans ; elle sort du meilleur couvent de France. Dame Pluche, je vous présente maître Bridaine, curé de la paroisse ; c'est mon ami.

DAME PLUCHE, *saluant.* – Du meilleur couvent de France, seigneur, et je puis ajouter : la meilleure chrétienne du couvent.

---

notes

1. Association absurde et cocasse de quatre disciplines hétéroclites : la littérature, les sciences (la botanique), le droit (droit romain) et la théologie (le droit canon : les lois de l'Église).

2. **Brisons là** : injonction ferme pour signifier l'arrêt d'une conversation.

LE BARON – Allez, dame Pluche, réparer le désordre où vous
voilà ; ma nièce va bientôt venir, j'espère ; soyez prête à l'heure
du dîner[1]. *(Dame Pluche sort.)*

MAÎTRE BRIDAINE – Cette vieille demoiselle paraît tout à fait
pleine d'onction[2].

LE BARON – Pleine d'onction et de componction[3], maître
Bridaine ; sa vertu est inattaquable.

MAÎTRE BRIDAINE – Mais le gouverneur sent le vin ; j'en ai la
certitude.

LE BARON – Maître Bridaine ! Il y a des moments où je doute
de votre amitié. Prenez-vous à tâche de me contredire ? Pas un
mot de plus là-dessus. J'ai formé le dessein de marier mon fils
avec ma nièce ; c'est un couple assorti : leur éducation me
coûte six mille écus.

MAÎTRE BRIDAINE – Il sera nécessaire d'obtenir des dispenses[4].

LE BARON – Je les ai, Bridaine ; elles sont sur ma table, dans mon
cabinet[5]. Ô mon ami, apprenez maintenant que je suis plein
de joie. Vous savez que j'ai eu de tout temps la plus profonde
horreur pour la solitude. Cependant la place que j'occupe et la
gravité de mon habit me forcent à rester dans ce château pendant trois mois d'hiver et trois mois d'été. Il est impossible de
faire le bonheur des hommes en général, et de ses vassaux[6] en
particulier, sans donner parfois à son valet de chambre l'ordre
rigoureux de ne laisser entrer personne. Qu'il est austère et

notes

1. dîner : désigne le repas de midi sous
l'Ancien Régime. Le repas du soir se dit
alors le « souper ».
2. pleine d'onction : au sens propre,
imprégnée d'huile sainte et sacrée ; au sens
figuré, signifie *douce*.
3. componction : au sens religieux, signifie
contrition et repentir, et dans le sens
courant, *gravité affectée*.
4. dispenses : dérogations accordées par
l'Église pour les mariages entre membres

de la même famille (comme ici entre
cousin et cousine).
5. cabinet : bureau, pièce fermée consacrée
au travail intellectuel.
6. vassaux : terme du système féodal de
l'Ancien Régime. Les vassaux étaient liés
par serment à un suzerain (un seigneur)
qui les protégeait en échange de leur
fidélité et de leur assistance.

difficile, le recueillement de l'homme d'État ! et quel plaisir ne trouverai-je pas à tempérer, par la présence de mes deux enfants réunis, la sombre tristesse à laquelle je dois nécessairement être en proie depuis que le roi m'a nommé receveur[1].

MAÎTRE BRIDAINE – Ce mariage se fera-t-il ici ou à Paris ?

LE BARON – Voilà où je vous attendais, Bridaine ; j'étais sûr de cette question. Eh bien ! mon ami, que diriez-vous si ces mains que voilà, oui, Bridaine, vos propres mains, – ne les regardez pas d'une manière aussi piteuse, – étaient destinées à bénir solennellement l'heureuse confirmation de mes rêves les plus chers ? Hé ?

MAÎTRE BRIDAINE – Je me tais ; la reconnaissance me ferme la bouche.

LE BARON – Regardez par cette fenêtre ; ne voyez-vous pas que mes gens se portent en foule à la grille ? Mes deux enfants arrivent en même temps ; voilà la combinaison la plus heureuse. J'ai disposé les choses de manière à tout prévoir. Ma nièce sera introduite par cette porte à gauche, et mon fils par cette porte à droite. Qu'en dites-vous ? Je me fais une fête de voir comment ils s'aborderont, ce qu'ils se diront ; six mille écus ne sont pas une bagatelle, il ne faut pas s'y tromper. Ces enfants s'aimaient d'ailleurs fort tendrement dès le berceau. – Bridaine, il me vient une idée.

MAÎTRE BRIDAINE – Laquelle ?

LE BARON – Pendant le dîner, sans avoir l'air d'y toucher, – vous comprenez, mon ami, – tout en vidant quelques coupes joyeuses… – vous savez le latin, Bridaine.

MAÎTRE BRIDAINE – *Ita edepol*[2], pardieu, si je le sais !

notes

1. receveur : administrateur (receveur et percepteur) des impôts.

2. *Ita edepol* : expression latine signifiant « oui, par Pollux » et prononcée à l'occasion d'un serment.

LE BARON – Je serais bien aise de vous voir entreprendre[1] ce garçon – discrètement s'entend – devant sa cousine ; cela ne peut produire qu'un bon effet ; – faites-le parler un peu latin, – non pas précisément pendant le dîner, cela deviendrait fastidieux, et quant à moi, je n'y comprends rien, – mais au dessert, – entendez-vous ?

MAÎTRE BRIDAINE – Si vous n'y comprenez rien, monseigneur, il est probable que votre nièce est dans le même cas.

LE BARON – Raison de plus ; ne voulez-vous pas qu'une femme admire ce qu'elle comprend ? D'où sortez-vous, Bridaine ? Voilà un raisonnement qui fait pitié.

MAÎTRE BRIDAINE – Je connais peu les femmes ; mais il me semble qu'il est difficile qu'on admire ce qu'on ne comprend pas.

LE BARON – Je les connais, Bridaine ; je connais ces êtres charmants et indéfinissables. Soyez persuadé qu'elles aiment à avoir de la poudre dans les yeux, et que plus on leur en jette, plus elles les écarquillent, afin d'en gober davantage. *(Perdican entre d'un côté, Camille de l'autre.)* Bonjour, mes enfants ; bonjour, ma chère Camille, mon cher Perdican ! embrassez-moi, et embrassez-vous.

PERDICAN – Bonjour, mon père, ma sœur bien-aimée ! Quel bonheur ! que je suis heureux !

CAMILLE – Mon père et mon cousin, je vous salue.

PERDICAN – Comme te voilà grande, Camille ! et belle comme le jour !

LE BARON – Quand as-tu quitté Paris, Perdican ?

PERDICAN – Mercredi, je crois, ou mardi. Comme te voilà métamorphosée en femme ! Je suis donc un homme, moi ! Il me semble que c'est hier que je t'ai vue pas plus haute que cela.

note ....

1. **entreprendre** : au sens classique, signifie « engager une conversation avec quelqu'un ».

185   LE BARON – Vous devez être fatigués ; la route est longue, et il fait chaud.

PERDICAN – Oh ! mon Dieu, non. Regardez donc, mon père, comme Camille est jolie !

LE BARON – Allons, Camille, embrasse ton cousin.

190   CAMILLE – Excusez-moi[1].

LE BARON – Un compliment vaut un baiser ; embrasse-la, Perdican.

PERDICAN – Si ma cousine recule quand je lui tends la main, je vous dirai à mon tour : Excusez-moi ; l'amour peut voler un
195   baiser, mais non pas l'amitié.

CAMILLE – L'amitié ni l'amour ne doivent recevoir que ce qu'ils peuvent rendre.

LE BARON, *à maître Bridaine.* – Voilà un commencement de mauvais augure, hé ?

200   MAÎTRE BRIDAINE, *au baron.* – Trop de pudeur est sans doute un défaut ; mais le mariage lève bien des scrupules.

LE BARON, *à maître Bridaine.* – Je suis choqué, – blessé. – Cette réponse m'a déplu. – *Excusez-moi !* Avez-vous vu qu'elle a fait mine de se signer[2] ? – Venez ici, que je vous parle. – Cela m'est
205   pénible au dernier point. Ce moment, qui devait m'être si doux, est complètement gâté. – Je suis vexé, piqué[3]. – Diable ! voilà qui est fort mauvais.

MAÎTRE BRIDAINE – Dites-leur quelques mots ; les voilà qui se tournent le dos.

210   LE BARON – Eh bien ! mes enfants, à quoi pensez-vous donc ? Que fais-tu là, Camille, devant cette tapisserie ?

notes

1. **Excusez-moi :** formule de politesse pour signifier un refus.
2. **se signer :** faire le signe de croix (signe de soumission à Dieu dans le christianisme).

3. **piqué :** blessé, froissé.

**Maître Bridaine, Maître Blazius, Perdican, Dame Pluche et
Camille (Jacques-Henri Gagnon, Jack Robitaille, Jacques Baril,
Marie-Ginette Guay et Marie-Thérèse Fortin),**
On ne badine pas avec l'amour, **mise en scène d'Albert Millaire,
Théâtre du Trident, saison 1990-1991.**

CAMILLE, *regardant un tableau.* – Voilà un beau portrait, mon oncle ! N'est-ce pas une grand-tante à nous ?

215 LE BARON – Oui, mon enfant, c'est ta bisaïeule[1], – ou du moins la sœur de ton bisaïeul, – car la chère dame n'a jamais concouru, – pour sa part, je crois, autrement qu'en prières, – à l'accroissement de la famille. – C'était, ma foi, une sainte femme.

CAMILLE – Oh ! oui, une sainte ! c'est ma grand-tante Isabelle. Comme ce costume religieux lui va bien !

220 LE BARON – Et toi, Perdican, que fais-tu là devant ce pot de fleurs ?

PERDICAN – Voilà une fleur charmante, mon père. C'est un héliotrope[2].

LE BARON – Te moques-tu ? elle est grosse comme une mouche.

225 PERDICAN – Cette petite fleur grosse comme une mouche a bien son prix.

MAÎTRE BRIDAINE – Sans doute ! le docteur a raison. Demandez-lui à quel sexe, à quelle classe elle appartient, de quels éléments elle se forme, d'où lui viennent sa sève et sa couleur ; il vous 230 ravira en extase en vous détaillant les phénomènes de ce brin d'herbe, depuis la racine jusqu'à la fleur.

PERDICAN – Je n'en sais pas si long, mon révérend. Je trouve qu'elle sent bon, voilà tout.

notes

1. bisaïeule : mère d'un grand-parent (aïeul, aïeule).

2. héliotrope : plante à fleurs blanches ou violettes très odorantes.

Scène 3

Devant le château.

LE CHŒUR, LE BARON, DAME PLUCHE, PERDICAN, CAMILLE

Entre LE CHŒUR – Plusieurs choses me divertissent et excitent
235 ma curiosité. Venez, mes amis, et asseyons-nous sous ce noyer.
Deux formidables[1] dîneurs sont en ce moment en présence au
château, maître Bridaine et maître Blazius. N'avez-vous pas
fait une remarque ? c'est que, lorsque deux hommes à peu près
pareils, également gros, également sots, ayant les mêmes vices
240 et les mêmes passions, viennent par hasard à se rencontrer, il
faut nécessairement qu'ils s'adorent ou qu'ils s'exècrent. Par la
raison que les contraires s'attirent, qu'un homme grand et des-
séché aimera un homme petit et rond, que les blonds recher-
chent les bruns, et réciproquement, je prévois une lutte secrète
245 entre le gouverneur et le curé. Tous deux sont armés d'une
égale impudence[2] ; tous deux ont pour ventre un tonneau ;
non seulement ils sont gloutons, mais ils sont gourmets ; tous
deux se disputeront, à dîner, non seulement la quantité, mais la
qualité. Si le poisson est petit, comment faire ? et dans tous les
250 cas une langue de carpe ne peut se partager, et une carpe ne
peut avoir deux langues. *Item*[3], tous deux sont bavards ; mais à
la rigueur ils peuvent parler ensemble sans s'écouter ni l'un ni
l'autre. Déjà maître Bridaine a voulu adresser au jeune
Perdican plusieurs questions pédantes[4], et le gouverneur a
255 froncé le sourcil. Il lui est désagréable qu'un autre que lui
semble mettre son élève à l'épreuve. *Item*, ils sont aussi igno-
rants l'un que l'autre. *Item*, ils sont prêtres tous deux ; l'un se

notes

1. formidables : au sens étymologique
de « terrifiants ». C'est un emploi
hyperbolique*.
2. impudence : grossièreté (dans
les manières).

3. *Item* : emprunt au latin, signifie
« de même ».
4. pédantes : qui montrent avec
ostentation un savoir et une culture
d'apparence.

260 targuera[1] de sa cure[2], l'autre se rengorgera[3] dans sa charge de gouverneur. Maître Blazius confesse le fils, et maître Bridaine le père. Déjà je les vois accoudés sur la table, les joues enflammées, les yeux à fleur de tête, secouer pleins de haine leurs triples mentons. Ils se regardent de la tête aux pieds, ils préludent[4] par de légères escarmouches[5]; bientôt la guerre se déclare; les cuistreries[6] de toute espèce se croisent et s'échangent, et, pour comble de malheur, entre les deux ivrognes s'agite dame Pluche, qui les repousse l'un et l'autre de ses coudes affilés.

Maintenant que voilà le dîner fini, on ouvre la grille du château. C'est la compagnie qui sort, retirons-nous à l'écart. *(Ils sortent. Entrent le baron et dame Pluche.)*

LE BARON – Vénérable Pluche, je suis peiné.

DAME PLUCHE – Est-il possible, monseigneur?

LE BARON – Oui, Pluche, cela est possible. J'avais compté depuis longtemps, – j'avais même écrit, noté, sur mes tablettes de poche[7], – que ce jour devait être le plus agréable de mes jours, – oui, bonne dame, le plus agréable. – Vous n'ignorez pas que mon dessein était de marier mon fils avec ma nièce; – cela était résolu, – convenu, – j'en avais parlé à Bridaine, – et je vois, je crois voir, que ces enfants se parlent froidement; ils ne se sont pas dit un mot.

DAME PLUCHE – Les voilà qui viennent, monseigneur. Sont-ils prévenus de vos projets?

notes

1. **se targuera**: se vantera.
2. **cure**: fonction impliquant la direction spirituelle et l'administration d'une paroisse.
3. **se rengorgera**: prendra une attitude fière, fera l'important.
4. **préludent**: commencent.

5. **escarmouches**: terme militaire désignant de petits accrochages préliminaires avant une bataille.
6. **cuistreries**: propos pédants, ostensiblement savants.
7. **tablettes de poche**: archaïsme* ridicule (dans l'Antiquité, on écrivait sur des tablettes de cire), désigne un petit carnet.

LE BARON – Je leur en ai touché quelques mots en particulier. Je crois qu'il serait bon, puisque les voilà réunis, de nous asseoir sous cet ombrage propice, et de les laisser ensemble un instant. *(Il se retire avec dame Pluche. Entrent Camille et Perdican.)*

PERDICAN – Sais-tu que cela n'a rien de beau, Camille, de m'avoir refusé un baiser?

CAMILLE – Je suis comme cela; c'est ma manière.

PERDICAN – Veux-tu mon bras pour faire un tour dans le village?

CAMILLE – Non, je suis lasse.

PERDICAN – Cela ne te ferait pas plaisir de revoir la prairie? Te souviens-tu de nos parties sur le bateau? Viens, nous descendrons jusqu'aux moulins; je tiendrai les rames, et toi le gouvernail.

CAMILLE – Je n'en ai nulle envie.

PERDICAN – Tu me fends l'âme. Quoi! pas un souvenir, Camille? pas un battement de cœur pour notre enfance, pour tout ce pauvre temps passé, si bon, si doux, si plein de niaiseries délicieuses? Tu ne veux pas venir voir le sentier par où nous allions à la ferme?

CAMILLE – Non, pas ce soir.

PERDICAN – Pas ce soir! et quand donc? Toute notre vie est là.

CAMILLE – Je ne suis pas assez jeune pour m'amuser de mes poupées, ni assez vieille pour aimer le passé.

PERDICAN – Comment dis-tu cela?[1]

CAMILLE – Je dis que les souvenirs d'enfance ne sont pas de mon goût.

PERDICAN – Cela t'ennuie?

note
....

| 1. Comment dis-tu cela?: Que veux-tu dire?

CAMILLE – Oui, cela m'ennuie.

PERDICAN – Pauvre enfant! Je te plains sincèrement. *(Ils sortent chacun de leur côté.)*

LE BARON, *rentrant avec dame Pluche.* – Vous le voyez, et vous l'entendez, excellente Pluche; je m'attendais à la plus suave harmonie, et il me semble assister à un concert où le violon joue *Mon cœur soupire*[1], pendant que la flûte joue *Vive Henri IV*[2]. Songez à la discordance affreuse qu'une pareille combinaison produirait. Voilà pourtant ce qui se passe dans mon cœur.

DAME PLUCHE – Je l'avoue; il m'est impossible de blâmer Camille, et rien n'est de plus mauvais ton, à mon sens, que les parties de bateau.

LE BARON – Parlez-vous sérieusement?

DAME PLUCHE – Seigneur, une jeune fille qui se respecte ne se hasarde pas sur les pièces d'eau.

LE BARON – Mais observez donc, dame Pluche, que son cousin doit l'épouser, et que dès lors…

DAME PLUCHE – Les convenances défendent de tenir un gouvernail, et il est malséant de quitter la terre ferme seule avec un jeune homme.

LE BARON – Mais je répète… je vous dis…

DAME PLUCHE – C'est là mon opinion.

LE BARON – Êtes-vous folle? En vérité, vous me feriez dire… Il y a certaines expressions que je ne veux pas…, qui me répugnent… Vous me donnez envie… En vérité, si je ne me retenais… Vous êtes une pécore[3], Pluche! Je ne sais que penser de vous. *(Il sort.)*

notes

1. ***Mon cœur soupire***: titre de la romance que chante le jeune amoureux Chérubin dans l'opéra de Mozart, *Les noces de Figaro* (1786).

2. ***Vive Henri IV***: vieille chanson à boire populaire.
3. **pécore**: au sens propre, désigne un animal; au sens figuré, par métaphore*, une personne bête et prétentieuse.

Scène 4

Une place.

LE CHŒUR, PERDICAN, ROSETTE

PERDICAN – Bonjour, mes amis. Me reconnaissez-vous ?

LE CHŒUR – Seigneur, vous ressemblez à un enfant que nous
avons beaucoup aimé.

PERDICAN – N'est-ce pas vous qui m'avez porté sur votre dos
pour passer les ruisseaux de vos prairies, vous qui m'avez fait
danser sur vos genoux, qui m'avez pris en croupe sur vos
chevaux robustes, qui vous êtes serrés quelquefois autour de
vos tables pour me faire une place au souper de la ferme ?

LE CHŒUR – Nous nous en souvenons, seigneur. Vous étiez bien
le plus mauvais garnement et le meilleur garçon de la terre.

PERDICAN – Et pourquoi donc alors ne m'embrassez-vous pas,
au lieu de me saluer comme un étranger ?

LE CHŒUR – Que Dieu te bénisse, enfant de nos entrailles !
Chacun de nous voudrait te prendre dans ses bras ; mais nous
sommes vieux, monseigneur, et vous êtes un homme.

PERDICAN – Oui, il y a dix ans que je ne vous ai vus, et en un
jour tout change sous le soleil. Je me suis élevé de quelques
pieds[1] vers le Ciel, et vous vous êtes courbés de quelques
pouces[2] vers le tombeau. Vos têtes ont blanchi, vos pas sont
devenus plus lents ; vous ne pouvez plus soulever de terre votre
enfant d'autrefois. C'est donc à moi d'être votre père, à vous
qui avez été les miens.

notes

1. **pieds :** le pied est une ancienne
mesure (de l'Ancien Régime) valant
environ 32 cm.

2. **pouces :** le pouce est la mesure
de longueur inférieure au pied (vaut
un douzième de pied).

360 LE CHŒUR – Votre retour est un jour plus heureux que votre naissance. Il est plus doux de retrouver ce qu'on aime que d'embrasser un nouveau-né.

PERDICAN – Voilà donc ma chère vallée ! mes noyers, mes sentiers verts, ma petite fontaine ! voilà mes jours passés encore
365 tout pleins de vie, voilà le monde mystérieux des rêves de mon enfance ! Ô patrie ! patrie ! mot incompréhensible ! l'homme n'est-il donc né que pour un coin de terre, pour y bâtir son nid et pour y vivre un jour ?

LE CHŒUR – On nous a dit que vous êtes un savant, monseigneur.

370 PERDICAN – Oui, on me l'a dit aussi. Les sciences sont une belle chose, mes enfants ; ces arbres et ces prairies enseignent à haute voix la plus belle de toutes, l'oubli de ce qu'on sait.

LE CHŒUR – Il s'est fait plus d'un changement pendant votre absence. Il y a des filles mariées et des garçons partis pour l'armée.

375 PERDICAN – Vous me conterez tout cela. Je m'attends bien à du nouveau ; mais en vérité je n'en veux pas encore. Comme ce lavoir est petit ! autrefois il me paraissait immense ; j'avais emporté dans ma tête un océan et des forêts, et je retrouve une goutte d'eau et des brins d'herbe. Quelle est donc cette
380 jeune fille qui chante à sa croisée[1], derrière ces arbres ?

LE CHŒUR – C'est Rosette, la sœur de lait de votre cousine Camille.

PERDICAN, *s'avançant*. – Descends vite, Rosette, et viens ici.

ROSETTE, *entrant*. – Oui, monseigneur.

385 PERDICAN – Tu me voyais de ta fenêtre, et tu ne venais pas, méchante fille ? Donne-moi vite cette main-là et ces joues-là que je t'embrasse.

note ....

1. croisée : châssis composé des vantaux servant à fermer une fenêtre. Désigne ici une fenêtre par métonymie*.

ROSETTE – Oui, monseigneur.

PERDICAN – Es-tu mariée, petite ? on m'a dit que tu l'étais.

390 ROSETTE – Oh ! non.

PERDICAN – Pourquoi ? Il n'y a pas dans le village de plus jolie fille que toi. Nous te marierons, mon enfant.

LE CHŒUR – Monseigneur, elle veut mourir fille.

PERDICAN – Est-ce vrai, Rosette ?

395 ROSETTE – Oh ! non.

PERDICAN – Ta sœur Camille est arrivée. L'as-tu vue ?

ROSETTE – Elle n'est pas encore venue par ici.

PERDICAN – Va-t'en vite mettre ta robe neuve, et viens souper au château.

Scène 5

Une salle.

MAÎTRE BLAZIUS, LE BARON, MAÎTRE BRIDAINE

Entrent LE BARON *et* MAÎTRE BLAZIUS.

400 MAÎTRE BLAZIUS – Seigneur, j'ai un mot à vous dire ; le curé de la paroisse est un ivrogne.

LE BARON – Fi[1] donc ! cela ne se peut pas.

MAÎTRE BLAZIUS – J'en suis certain ; il a bu à dîner trois bouteilles de vin.

405 LE BARON – Cela est exorbitant[2].

MAÎTRE BLAZIUS – Et en sortant de table, il a marché sur les plates-bandes.

notes

| **1. Fi :** interjection brutale signifiant *allez*. | **2. exorbitant :** stupéfiant, étonnant, extraordinaire. |

passage analysé

LE BARON – Sur les plates-bandes ? – Je suis confondu[1] ! – Voilà qui est étrange ! – Boire trois bouteilles de vin à dîner ! marcher sur les plates-bandes ! c'est incompréhensible. – Et pourquoi ne marchait-il pas dans l'allée ?

MAÎTRE BLAZIUS – Parce qu'il allait de travers.

LE BARON, *à part*. – Je commence à croire que Bridaine avait raison ce matin. Ce Blazius sent le vin d'une manière horrible.

MAÎTRE BLAZIUS – De plus, il a mangé beaucoup : sa parole était embarrassée[2].

LE BARON – Vraiment, je l'ai remarqué aussi.

MAÎTRE BLAZIUS – Il a lâché quelques mots latins ; c'étaient autant de solécismes[3]. Seigneur, c'est un homme dépravé[4].

LE BARON, *à part*. – Pouah ! ce Blazius a une odeur qui est intolérable. – Apprenez, gouverneur, que j'ai bien autre chose en tête, et que je ne me mêle jamais de ce qu'on boit ni de ce qu'on mange. Je ne suis point un majordome[5].

MAÎTRE BLAZIUS – À Dieu ne plaise que je vous déplaise, monsieur le baron. Votre vin est bon.

LE BARON – Il y a de bon vin dans mes caves.

MAÎTRE BRIDAINE, *entrant*. – Seigneur, votre fils est sur la place, suivi de tous les polissons[6] du village.

LE BARON – Cela est impossible.

MAÎTRE BRIDAINE – Je l'ai vu de mes propres yeux. Il ramassait des cailloux pour faire des ricochets.

LE BARON – Des ricochets ! Ma tête s'égare ; voilà mes idées qui se bouleversent. Vous me faites un rapport insensé, Bridaine. Il est inouï qu'un docteur fasse des ricochets.

notes .....

1. **confondu** : étonné, atterré, consterné.
2. **embarrassée** : hésitante, difficile.
3. **solécismes** : fautes grammaticales.
4. **dépravé** : débauché, en proie au vice.

5. **majordome** : maître d'hôtel dans une maison noble, responsable des domestiques.
6. **polissons** : enfants espiègles et désobéissants.

435   MAÎTRE BRIDAINE – Mettez-vous à la fenêtre, monseigneur, vous le verrez de vos propres yeux.

LE BARON, *à part.* – Ô Ciel! Blazius a raison; Bridaine va de travers.

MAÎTRE BRIDAINE – Regardez, monseigneur, le voilà au bord du
440   lavoir. Il tient sous le bras une jeune paysanne.

LE BARON – Une jeune paysanne? Mon fils vient-il ici pour débaucher mes vassales[1]? Une paysanne sous son bras! et tous les gamins du village autour de lui! Je me sens hors de moi.

MAÎTRE BRIDAINE – Cela crie vengeance.

445   LE BARON – Tout est perdu! – perdu sans ressource! – Je suis perdu: Bridaine va de travers, Blazius sent le vin à faire horreur, et mon fils séduit toutes les filles du village en faisant des ricochets. *(Il sort.)*

---

note

1. vassales: féminin de *vassaux*, personnes liées par serment de fidélité à un seigneur (sous l'Ancien régime féodal).

Acte II

Scène 1

Un jardin.

MAÎTRE BLAZIUS, PERDICAN, CAMILLE, DAME PLUCHE

Entrent MAÎTRE BLAZIUS *et* PERDICAN.

MAÎTRE BLAZIUS – Seigneur, votre père est au désespoir.

PERDICAN – Pourquoi cela?

MAÎTRE BLAZIUS – Vous n'ignorez pas qu'il avait formé le projet de vous unir à votre cousine Camille?

5 PERDICAN – Eh bien? – Je ne demande pas mieux.

MAÎTRE BLAZIUS – Cependant le baron croit remarquer que vos caractères ne s'accordent pas.

PERDICAN – Cela est malheureux, je ne puis refaire le mien.

MAÎTRE BLAZIUS – Rendrez-vous par là ce mariage impossible?

10 PERDICAN – Je vous répète que je ne demande pas mieux que d'épouser Camille. Allez trouver le baron et dites-lui cela.

MAÎTRE BLAZIUS – Seigneur, je me retire : voilà votre cousine qui vient de ce côté. *(Il sort. Entre Camille.)*

PERDICAN – Déjà levée, cousine? J'en suis toujours pour ce que je t'ai dit hier; tu es jolie comme un cœur.

CAMILLE – Parlons sérieusement, Perdican; votre père veut nous marier. Je ne sais ce que vous en pensez; mais je crois bien faire en vous prévenant que mon parti est pris là-dessus.

PERDICAN – Tant pis pour moi si je vous déplais.

CAMILLE – Pas plus qu'un autre; je ne veux pas me marier: il n'y a rien là dont votre orgueil puisse souffrir.

PERDICAN – L'orgueil n'est pas mon fait; je n'en estime ni les joies ni les peines.

CAMILLE – Je suis venue ici pour recueillir le bien de ma mère; je retourne demain au couvent.

PERDICAN – Il y a de la franchise dans ta démarche; touche là[1], et soyons bons amis.

CAMILLE – Je n'aime pas les attouchements[2].

PERDICAN, *lui prenant la main*. – Donne-moi ta main, Camille, je t'en prie. Que crains-tu de moi? Tu ne veux pas qu'on nous marie? eh bien! ne nous marions pas; est-ce une raison pour nous haïr? ne sommes-nous pas le frère et la sœur? Lorsque ta mère a ordonné ce mariage dans son testament, elle a voulu que notre amitié fût éternelle, voilà tout ce qu'elle a voulu. Pourquoi nous marier? voilà ta main et voilà la mienne; et pour qu'elles restent unies ainsi jusqu'au dernier soupir, crois-tu qu'il nous faille un prêtre? Nous n'avons besoin que de Dieu.

CAMILLE – Je suis bien aise que mon refus vous soit indifférent.

PERDICAN – Il ne m'est point indifférent, Camille. Ton amour m'eût donné la vie, mais ton amitié m'en consolera. Ne quitte

---

notes

1. touche là: injonction de réconciliation synonyme de «serre-moi» ou «donne-moi» la main.

2. attouchements: terme péjoratif appartenant à la morale religieuse pour désigner les contacts physiques.

pas le château demain ; hier, tu as refusé de faire un tour de jardin, parce que tu voyais en moi un mari dont tu ne voulais pas. Reste ici quelques jours ; laisse-moi espérer que notre vie passée n'est pas morte à jamais dans ton cœur.

45 CAMILLE – Je suis obligée de partir.

PERDICAN – Pourquoi ?

CAMILLE – C'est mon secret.

PERDICAN – En aimes-tu un autre que moi ?

CAMILLE – Non ; mais je veux partir.

50 PERDICAN – Irrévocablement ?

CAMILLE – Oui, irrévocablement.

PERDICAN – Eh bien ! adieu. J'aurais voulu m'asseoir avec toi sous les marronniers du petit bois, et causer de bonne amitié une heure ou deux. Mais si cela te déplaît, n'en parlons plus ;
55 adieu, mon enfant. *(Il sort.)*

CAMILLE, *à dame Pluche qui entre.* – Dame Pluche, tout est-il prêt ? Partirons-nous demain ? Mon tuteur a-t-il fini ses comptes ?

DAME PLUCHE – Oui, chère colombe sans tache. Le Baron m'a traitée de pécore hier soir, et je suis enchantée de partir.

60 CAMILLE – Tenez, voilà un mot d'écrit que vous porterez avant dîner, de ma part, à mon cousin Perdican.

DAME PLUCHE – Seigneur mon Dieu ! est-ce possible ? Vous écrivez un billet à un homme ?

CAMILLE – Ne dois-je pas être sa femme ? Je puis bien écrire à
65 mon fiancé.

DAME PLUCHE – Le seigneur Perdican sort d'ici. Que pouvez-vous lui écrire ? Votre fiancé, miséricorde ! Serait-il vrai que vous oubliez Jésus ?

CAMILLE – Faites ce que je vous dis, et disposez tout pour notre
70 départ. *(Elles sortent.)*

Scène 2

La salle à manger. On met le couvert.

Entre MAÎTRE BRIDAINE – Cela est certain, on lui donnera encore aujourd'hui la place d'honneur. Cette chaise que j'ai occupée si longtemps à la droite du Baron sera la proie du gouverneur. Ô malheureux que je suis! Un âne bâté[1], un
75 ivrogne sans pudeur, me relègue au bas bout[2] de la table! Le majordome lui versera le premier verre de Malaga[3], et lorsque les plats arriveront à moi, ils seront à moitié froids, et les meilleurs morceaux déjà avalés; il ne restera plus autour des perdreaux ni choux ni carottes. Ô sainte Église catholique!
80 Qu'on lui ait donné cette place hier, cela se concevait; il venait d'arriver; c'était la première fois, depuis nombre d'années, qu'il s'asseyait à cette table. Dieu! comme il dévorait! Non, rien ne me restera que des os et des pattes de poulet. Je ne souffrirai pas cet affront. Adieu, vénérable fauteuil où je me
85 suis renversé tant de fois gorgé de mets succulents! Adieu, bouteilles cachetées[4], fumet[5] sans pareil de venaisons[6] cuites à point! Adieu, table splendide, noble salle à manger, je ne dirai plus le bénédicité[7]! Je retourne à ma cure; on ne me verra pas confondu parmi la foule des convives, et j'aime mieux,
90 comme César, être le premier au village que le second dans Rome[8]! *(Il sort.)*

notes

1. **âne bâté**: désigne l'âne le moins dégourdi qui porte le bât, c'est-à-dire la selle qui permet de porter les fardeaux les plus lourds. Par métaphore* désigne, au sens figuré, un imbécile.
2. **bas bout**: extrémité de la table où sont placés, à l'opposé du maître de maison, les invités les moins prestigieux.
3. **Malaga**: métonymie* pour désigner un vin doux, proche du porto, élaboré à Malaga (Espagne).
4. **cachetées**: fermées par un cachet de cire. Seuls les meilleurs vins, et dans les

familles les plus riches, profitaient de ce mode de conservation.
5. **fumet**: odeur agréable qui émane d'un plat durant sa cuisson.
6. **venaisons**: gibiers, viandes provenant de la chasse à courre (vénerie).
7. **bénédicité**: du latin, *benedicite* (bénissez), incipit* d'une prière chrétienne qui demande à Dieu de bénir le repas.
8. Allusion ridicule et incongrue (parodie* héroï-comique) à Jules César qui dit ces mots en traversant un village des Alpes, au moment où il s'éloigne de Rome (vers -58).

Scène 3

Un champ devant une petite maison.

Entrent ROSETTE *et* PERDICAN.

PERDICAN – Puisque ta mère n'y est pas, viens faire un tour de promenade.

95 ROSETTE – Croyez-vous que cela me fasse du bien, tous ces baisers que vous me donnez ?

PERDICAN – Quel mal y trouves-tu ? Je t'embrasserais devant ta mère. N'es-tu pas la sœur de Camille ? ne suis-je pas ton frère comme je suis le sien ?

00 ROSETTE – Des mots sont des mots, et des baisers sont des baisers. Je n'ai guère d'esprit[1], et je m'en aperçois bien sitôt que je veux dire quelque chose. Les belles dames savent leur affaire[2], selon qu'on leur baise la main droite ou la main gauche ; leurs pères les embrassent sur le front, leurs frères sur la joue, leurs amoureux sur les lèvres ; moi, tout le monde 05 m'embrasse sur les deux joues, et cela me chagrine.

PERDICAN – Que tu es jolie, mon enfant !

ROSETTE – Il ne faut pas non plus vous fâcher pour cela. Comme vous paraissez triste ce matin ! Votre mariage est donc manqué ?

10 PERDICAN – Les paysans de ton village se souviennent de m'avoir aimé ; les chiens de la basse-cour et les arbres du bois s'en souviennent aussi ; mais Camille ne s'en souvient pas. Et toi, Rosette, à quand le mariage ?

ROSETTE – Ne parlons pas de cela, voulez-vous ? Parlons du 15 temps qu'il fait, de ces fleurs que voilà, de vos chevaux et de mes bonnets[3].

notes

1. **esprit :** intelligence, vivacité et subtilité dans le langage (esprit de répartie).
2. **savent leur affaire :** connaissent leur sujet.

3. **bonnets :** coiffes brodées et amidonnées portées par les paysannes.

73

PERDICAN – De tout ce qui te plaira, de tout ce qui peut passer sur tes lèvres sans leur ôter ce sourire céleste que je respecte plus que ma vie. *(Il l'embrasse.)*

120 ROSETTE – Vous respectez mon sourire, mais vous ne respectez guère mes lèvres, à ce qu'il me semble. Regardez donc, voilà une goutte de pluie qui me tombe sur la main, et cependant le ciel est pur.

PERDICAN – Pardonne-moi.

125 ROSETTE – Que vous ai-je fait, pour que vous pleuriez? *(Ils sortent.)*

Scène 4
Au château.

Entrent MAÎTRE BLAZIUS *et* LE BARON.

MAÎTRE BLAZIUS – Seigneur, j'ai une chose singulière à vous dire. Tout à l'heure, j'étais par hasard dans l'office[1], je veux dire dans la galerie : qu'aurais-je été faire dans l'office? J'étais donc dans la galerie[2]. J'avais trouvé par accident une bouteille, je 130 veux dire une carafe d'eau : comment aurais-je trouvé une bouteille dans la galerie? J'étais donc en train de boire un coup de vin, je veux dire un verre d'eau, pour passer le temps, et je regardais par la fenêtre, entre deux vases de fleurs qui me paraissaient d'un goût moderne, bien qu'ils soient imités de 135 l'étrusque[3].

LE BARON – Quelle insupportable manière de parler vous avez adoptée, Blazius! Vos discours sont inexplicables.

passage analysé

---

notes

1. office : lieu où se prépare le service des couverts, des boissons et des plats élaborés en cuisine.
2. galerie : grande salle d'un château consacrée aux collections et aux œuvres d'art.

3. imités de l'étrusque : imités de l'art étrusque (peuple qui vivait en Étrurie, ou Toscane, avant l'arrivée des futurs Romains). Les vases étrusques de couleur rouge et noire sont très réputés au XIXe siècle.

MAÎTRE BLAZIUS – Écoutez-moi, seigneur, prêtez-moi un moment d'attention. Je regardais donc par la fenêtre. Ne vous impatientez pas, au nom du Ciel! il y va de l'honneur de la famille.

LE BARON – De la famille! voilà qui est incompréhensible. De l'honneur de la famille, Blazius! Savez-vous que nous sommes trente-sept mâles, et presque autant de femmes, tant à Paris qu'en province?

MAÎTRE BLAZIUS – Permettez-moi de continuer. Tandis que je buvais un coup de vin, je veux dire un verre d'eau, pour hâter la digestion tardive, imaginez que j'ai vu passer sous la fenêtre dame Pluche hors d'haleine.

LE BARON – Pourquoi hors d'haleine, Blazius? ceci est insolite.

MAÎTRE BLAZIUS – Et à côté d'elle, rouge de colère, votre nièce Camille.

LE BARON – Qui était rouge de colère, ma nièce, ou dame Pluche?

MAÎTRE BLAZIUS – Votre nièce, seigneur.

LE BARON – Ma nièce rouge de colère! Cela est inouï! Et comment savez-vous que c'était de colère? Elle pouvait être rouge pour mille raisons; elle avait sans doute poursuivi quelques papillons dans mon parterre.

MAÎTRE BLAZIUS – Je ne puis rien affirmer là-dessus; cela se peut; mais elle s'écriait avec force: «Allez-y! trouvez-le! faites ce qu'on vous dit! vous êtes une sotte! je le veux!» Et elle frappait avec son éventail sur le coude de dame Pluche, qui faisait un soubresaut[1] dans la luzerne[2] à chaque exclamation.

notes

| 1. soubresaut: petit saut brusque. | 2. luzerne: plante à fleurs violettes (destinée à l'alimentation du bétail). |

75

165 LE BARON – Dans la luzerne ! Et que répondait la gouvernante aux extravagances de ma nièce ? car cette conduite mérite d'être qualifiée ainsi.

MAÎTRE BLAZIUS – La gouvernante répondait : « Je ne veux pas y aller ! Je ne l'ai pas trouvé ! Il fait la cour aux filles du village, à
170 des gardeuses de dindons. Je suis trop vieille pour commencer à porter des messages d'amour ; grâce à Dieu, j'ai vécu les mains pures jusqu'ici » ; – et tout en parlant, elle froissait dans ses mains un petit papier plié en quatre.

LE BARON – Je n'y comprends rien ; mes idées s'embrouillent
175 tout à fait. Quelle raison pouvait avoir dame Pluche pour froisser un papier plié en quatre en faisant des soubresauts dans une luzerne ? Je ne puis ajouter foi à de pareilles monstruosités.

MAÎTRE BLAZIUS – Ne comprenez-vous pas clairement, seigneur, ce que cela signifiait ?

180 LE BARON – Non, en vérité, non, mon ami, je n'y comprends absolument rien. Tout cela me paraît une conduite désordonnée, il est vrai, mais sans motif comme sans excuse.

MAÎTRE BLAZIUS – Cela veut dire que votre nièce a une correspondance secrète.

185 LE BARON – Que dites-vous ? Songez-vous de qui vous parlez ? Pesez vos paroles, monsieur l'abbé.

MAÎTRE BLAZIUS – Je les pèserais dans la balance céleste qui doit peser mon âme au jugement dernier, que je n'y trouverais pas un mot qui sente la fausse monnaie. Votre nièce a une corres-
190 pondance secrète.

LE BARON – Mais songez donc, mon ami, que cela est impossible.

MAÎTRE BLAZIUS – Pourquoi aurait-elle chargé sa gouvernante d'une lettre ? Pourquoi aurait-elle crié : *Trouvez-le !* tandis que l'autre boudait et rechignait ?

195 LE BARON – Et à qui était adressée cette lettre ?

MAÎTRE BLAZIUS – Voilà précisément le *hic,* monseigneur, *hic jacet lepus*[1]. À qui était adressée cette lettre ? à un homme qui fait la cour à une gardeuse de dindons. Or, un homme qui recherche en public une gardeuse de dindons peut être soupçonné violemment d'être né pour les garder lui-même. Cependant il est impossible que votre nièce, avec l'éducation qu'elle a reçue, soit éprise d'un tel homme ; voilà ce que je dis, et ce qui fait que je n'y comprends rien non plus que vous, révérence parler[2].

LE BARON – Ô Ciel ! ma nièce m'a déclaré ce matin même qu'elle refusait son cousin Perdican. Aimerait-elle un gardeur de dindons ? Passons dans mon cabinet ; j'ai éprouvé depuis hier des secousses si violentes que je ne puis rassembler mes idées. *(Ils sortent.)*

Scène 5

Une fontaine dans un bois.

PERDICAN, CAMILLE

Entre PERDICAN, *lisant un billet.* – « Trouvez-vous à midi à la petite fontaine. » Que veut dire cela ? tant de froideur, un refus si positif[3], si cruel, un orgueil si insensible, et un rendez-vous par-dessus tout ? Si c'est pour me parler d'affaires, pourquoi choisir un pareil endroit ? Est-ce une coquetterie[4] ? Ce matin, en me promenant avec Rosette, j'ai entendu remuer dans les broussailles, et il m'a semblé que c'était un pas de biche. Y a-t-il ici quelque intrigue ? *(Entre Camille.)*

notes
....

1. hic jacet lepus : expression latine (« ici gît le lièvre ») signifiant « ici réside le problème, la difficulté ». Le premier *hic* peut aussi être interprété comme un hoquet dû à l'alcool.

2. révérence parler : formule de respect synonyme de « si je puis me permettre ».
3. positif : affirmé, évident, manifeste.
4. coquetterie : manœuvre, ruse, stratégie de séduction féminine.

CAMILLE – Bonjour, cousin ; j'ai cru m'apercevoir, à tort ou à raison, que vous me quittiez tristement ce matin. Vous m'avez
220 pris la main malgré moi, je viens vous demander de me donner la vôtre. Je vous ai refusé un baiser, le voilà. *(Elle l'embrasse.)* Maintenant, vous m'avez dit que vous seriez bien aise de causer de bonne amitié. Asseyez-vous là, et causons.

(Elle s'assoit.)

225 PERDICAN – Avais-je fait un rêve, ou en fais-je un autre en ce moment ?

CAMILLE – Vous avez trouvé singulier de recevoir un billet de moi, n'est-ce pas ? Je suis d'humeur changeante ; mais vous m'avez dit ce matin un mot très juste : « Puisque nous nous quittons,
230 quittons-nous bons amis. » Vous ne savez pas la raison pour laquelle je pars, et je viens vous la dire : je vais prendre le voile.

PERDICAN – Est-ce possible ? Est-ce toi, Camille, que je vois dans cette fontaine, assise sur les marguerites, comme aux jours d'autrefois ?

235 CAMILLE – Oui, Perdican, c'est moi. Je viens revivre un quart d'heure de la vie passée. Je vous ai paru brusque et hautaine ; cela est tout simple, j'ai renoncé au monde. Cependant, avant de le quitter, je serais bien aise d'avoir votre avis. Trouvez-vous que j'ai raison de me faire religieuse ?

240 PERDICAN – Ne m'interrogez pas là-dessus, car je ne me ferai jamais moine.

CAMILLE – Depuis près de dix ans que nous avons vécu éloignés l'un de l'autre, vous avez commencé l'expérience de la vie. Je sais quel homme vous êtes, et vous devez avoir beaucoup
245 appris en peu de temps avec un cœur et un esprit comme les vôtres. Dites-moi, avez-vous eu des maîtresses ?

PERDICAN – Pourquoi cela ?

CAMILLE – Répondez-moi, je vous en prie, sans modestie et sans fatuité[1].

PERDICAN – J'en ai eu.

CAMILLE – Les avez-vous aimées ?

PERDICAN – De tout mon cœur.

CAMILLE – Où sont-elles maintenant ? Le savez-vous ?

PERDICAN – Voilà, en vérité, des questions singulières. Que voulez-vous que je vous dise ? Je ne suis ni leur mari ni leur frère ; elles sont allées où bon leur a semblé.

CAMILLE – Il doit nécessairement y en avoir une que vous ayez préférée aux autres. Combien de temps avez-vous aimé celle que vous avez aimée le mieux ?

PERDICAN – Tu es une drôle de fille ! Veux-tu te faire mon confesseur ?

CAMILLE – C'est une grâce que je vous demande de me répondre sincèrement. Vous n'êtes point un libertin[2], et je crois que votre cœur a de la probité[3]. Vous avez dû inspirer l'amour, car vous le méritez, et vous ne vous seriez pas livré à un caprice. Répondez-moi, je vous en prie.

PERDICAN – Ma foi, je ne m'en souviens pas.

CAMILLE – Connaissez-vous un homme qui n'ait aimé qu'une femme ?

PERDICAN – Il y en a certainement.

CAMILLE – Est-ce un de vos amis ? Dites-moi son nom.

PERDICAN – Je n'ai pas de nom à vous dire ; mais je crois qu'il y a des hommes capables de n'aimer qu'une fois.

notes

1. fatuité : présomption dans les manières, dans le ton, satisfaction de soi.
2. libertin : qui aime la liberté en amour, l'amour libre, voire la débauche.

3. probité : honnêteté, intégrité morale.

Camille et Perdican (Julie Le Gal et Nicolas Van Burek),
On ne badine pas avec l'amour, mise en scène de Diana Leblanc,
Théâtre français de Toronto, 2008.

CAMILLE – Combien de fois un honnête homme peut-il aimer ?

275 PERDICAN – Veux-tu me faire réciter une litanie[1], ou récites-tu toi-même un catéchisme[2] ?

CAMILLE – Je voudrais m'instruire, et savoir si j'ai tort ou raison de me faire religieuse. Si je vous épousais, ne devriez-vous pas répondre avec franchise à toutes mes questions, et me montrer
280 votre cœur à nu ? Je vous estime beaucoup, et je vous crois, par votre éducation et par votre nature, supérieur à beaucoup d'autres hommes. Je suis fâchée que vous ne vous souveniez plus de ce que je vous demande ; peut-être en vous connaissant mieux je m'enhardirais[3].

285 PERDICAN – Où veux-tu en venir ? parle ; je répondrai.

CAMILLE – Répondez donc à ma première question. Ai-je raison de rester au couvent ?

PERDICAN – Non.

CAMILLE – Je ferais donc mieux de vous épouser ?

290 PERDICAN – Oui.

CAMILLE – Si le curé de votre paroisse soufflait sur un verre d'eau, et vous disait que c'est un verre de vin[4], le boiriez-vous comme tel ?

PERDICAN – Non.

295 CAMILLE – Si le curé de votre paroisse soufflait sur vous, et me disait que vous m'aimerez toute votre vie, aurais-je raison de le croire ?

notes..........

1. litanie : prière liturgique répétitive constituée d'une sorte de refrain récité ou chanté par l'assemblée des fidèles. Par extension, désigne toute énumération répétitive et ennuyeuse.
2. catéchisme : cours d'instruction religieuse qui se construit par un système de questions-réponses et qui doit être

connu par cœur par l'élève. Par extension, désigne une leçon récitée.
3. enhardirais : gagnerais de l'assurance.
4. Allusion au miracle des noces de Cana, en Galilée, où Jésus-Christ changea l'eau en vin, par la parole.

PERDICAN – Oui et non.

CAMILLE – Que me conseilleriez-vous de faire le jour où je ver-
rais que vous ne m'aimez plus ?

PERDICAN – De prendre un amant.

CAMILLE – Que ferai-je ensuite le jour où mon amant ne m'aimera plus ?

PERDICAN – Tu en prendras un autre.

CAMILLE – Combien de temps cela durera-t-il ?

PERDICAN – Jusqu'à ce que tes cheveux soient gris, et alors les
miens seront blancs.

CAMILLE – Savez-vous ce que c'est que les cloîtres[1], Perdican ?
Vous êtes-vous jamais assis un jour entier sur le banc d'un
monastère de femmes ?

PERDICAN – Oui, je m'y suis assis.

CAMILLE – J'ai pour amie une sœur qui n'a que trente ans, et qui
a eu cinq cent mille livres de revenu à l'âge de quinze ans.
C'est la plus belle et la plus noble créature qui ait marché sur
terre. Elle était pairesse du parlement[2] et avait pour mari un
des hommes les plus distingués de France. Aucune des nobles
facultés humaines n'était restée sans culture en elle, et, comme
un arbrisseau d'une sève choisie, tous ses bourgeons avaient
donné des ramures[3]. Jamais l'amour et le bonheur ne poseront
leur couronne fleurie sur un front plus beau. Son mari l'a
trompée ; elle a aimé un autre homme, et elle se meurt de
désespoir.

PERDICAN – Cela est possible.

CAMILLE – Nous habitons la même cellule[1], et j'ai passé des nuits
325   entières à parler de ses malheurs ; ils sont presque devenus les
       miens ; cela est singulier, n'est-ce pas ? Je ne sais trop comment
       cela se fait. Quand elle me parlait de son mariage, quand elle
       me peignait d'abord l'ivresse des premiers jours, puis la tran-
       quillité des autres, et comme enfin tout s'était envolé ; comme
330   elle était assise le soir au coin du feu, et lui auprès de la fenêtre,
       sans se dire un seul mot ; comme leur amour avait langui, et
       comme tous les efforts pour se rapprocher n'aboutissaient qu'à
       des querelles ; comme une figure étrangère est venue peu à
       peu se placer entre eux et se glisser dans leurs souffrances ;
335   c'était moi que je voyais agir tandis qu'elle parlait. Quand elle
       disait : « Là, j'ai été heureuse », mon cœur bondissait ; et quand
       elle ajoutait : « Là, j'ai pleuré », mes larmes coulaient. Mais
       figurez-vous quelque chose de plus singulier encore ; j'avais fini
       par me créer une vie imaginaire ; cela a duré quatre ans ; il est
340   inutile de vous dire par combien de réflexions, de retours sur
       moi-même, tout cela est venu. Ce que je voulais vous raconter
       comme une curiosité, c'est que tous les récits de Louise, toutes
       les fictions de mes rêves portaient votre ressemblance.

PERDICAN – Ma ressemblance, à moi ?

345   CAMILLE – Oui, et cela est naturel : vous étiez le seul homme
       que j'eusse connu. En vérité, je vous ai aimé, Perdican.

PERDICAN – Quel âge as-tu, Camille ?

CAMILLE – Dix-huit ans.

PERDICAN – Continue, continue ; j'écoute.

350   CAMILLE – Il y a deux cents femmes dans notre couvent ; un
       petit nombre de ces femmes ne connaîtra jamais la vie, et tout

note ···

1. **cellule** : petite chambre où l'on est isolé
du reste de la collectivité.

le reste attend la mort. Plus d'une parmi elles sont sorties du monastère comme j'en sors aujourd'hui, vierges et pleines d'espérances. Elles sont revenues peu de temps après, vieilles et
355 désolées. Tous les jours il en meurt dans nos dortoirs, et tous les jours il en vient de nouvelles prendre la place des mortes sur les matelas de crin. Les étrangers qui nous visitent admirent le calme et l'ordre de la maison ; ils regardent attentivement la blancheur de nos voiles, mais ils se demandent pour-
360 quoi nous les rabaissons sur nos yeux. Que pensez-vous de ces femmes, Perdican ? Ont-elles tort, ou ont-elles raison ?

PERDICAN – Je n'en sais rien.

CAMILLE – Il s'en est trouvé quelques-unes qui me conseillent de rester vierge. Je suis bien aise de vous consulter. Croyez-
365 vous que ces femmes-là auraient mieux fait de prendre un amant et de me conseiller d'en faire autant ?

PERDICAN – Je n'en sais rien.

CAMILLE – Vous aviez promis de me répondre.

PERDICAN – J'en suis dispensé tout naturellement ; je ne crois
370 pas que ce soit toi qui parles.

CAMILLE – Cela se peut, il doit y avoir dans toutes mes idées des choses très ridicules. Il se peut bien qu'on m'ait fait la leçon, et que je ne sois qu'un perroquet mal appris[1]. Il y a dans la galerie un petit tableau qui représente un moine courbé sur un
375 missel[2] ; à travers les barreaux obscurs de sa cellule glisse un faible rayon de soleil, et on aperçoit une locanda[3] italienne, devant laquelle danse un chevrier[4]. Lequel de ces deux hommes estimez-vous davantage ?

---

note

1. **perroquet mal appris :** personne qui répète mal une leçon apprise par cœur.
2. **missel :** livre de prières pour la messe (*missa*, en latin).

3. **locanda :** emprunt à l'italien, désigne une auberge.
4. **chevrier :** berger, éleveur de chèvres.

PERDICAN – Ni l'un ni l'autre et tous les deux. Ce sont deux
380   hommes de chair et d'os ; il y en a un qui lit et un autre qui
danse ; je n'y vois pas autre chose. Tu as raison de te faire
religieuse.

CAMILLE – Vous me disiez non tout à l'heure.

PERDICAN – Ai-je dit non ? Cela est possible.

385   CAMILLE – Ainsi vous me le conseillez ?

PERDICAN – Ainsi tu ne crois à rien ?

CAMILLE – Lève la tête, Perdican ! quel est l'homme qui ne croit
à rien ?

PERDICAN, *se levant.* – En voilà un ; je ne crois pas à la vie
390   immortelle. – Ma sœur chérie, les religieuses t'ont donné leur
expérience ; mais, crois-moi, ce n'est pas la tienne ; tu ne
mourras pas sans aimer.

CAMILLE – Je veux aimer, mais je ne veux pas souffrir ; je veux
aimer d'un amour éternel, et faire des serments qui ne se vio-
395   lent pas. Voilà mon amant. *(Elle montre son crucifix.)*

PERDICAN – Cet amant-là n'exclut pas les autres.

CAMILLE – Pour moi, du moins, il les exclura. Ne souriez pas,
Perdican ! Il y a dix ans que je ne vous ai vu, et je pars
demain. Dans dix autres années, si nous nous revoyons, nous
400   en reparlerons. J'ai voulu ne pas rester dans votre souvenir
comme une froide statue, car l'insensibilité mène au point où
j'en suis. Écoutez-moi, retournez à la vie, et tant que vous
serez heureux, tant que vous aimerez comme on peut aimer
sur la terre, oubliez votre sœur Camille ; mais s'il vous arrive
405   jamais d'être oublié ou d'oublier vous-même, si l'ange de
l'espérance vous abandonne, lorsque vous serez seul avec le
vide dans le cœur, pensez à moi qui prierai pour vous.

PERDICAN – Tu es une orgueilleuse ; prends garde à toi.

85

CAMILLE – Pourquoi?

410 PERDICAN – Tu as dix-huit ans, et tu ne crois pas à l'amour!

CAMILLE – Y croyez-vous, vous qui parlez? vous voilà courbé près de moi avec des genoux qui se sont usés sur les tapis de vos maîtresses, et vous n'en savez plus le nom. Vous avez pleuré des larmes de joie et des larmes de désespoir; mais vous saviez

415 que l'eau des sources est plus constante que vos larmes, et qu'elle serait toujours là pour laver vos paupières gonflées. Vous faites votre métier de jeune homme, et vous souriez quand on vous parle de femmes désolées; vous ne croyez pas qu'on puisse mourir d'amour, vous qui vivez et qui avez aimé.

420 Qu'est-ce donc que le monde? Il me semble que vous devez cordialement mépriser les femmes qui vous prennent tel que vous êtes, et qui chassent leur dernier amant pour vous attirer dans leurs bras avec les baisers d'un autre sur les lèvres. Je vous demandais tout à l'heure si vous aviez aimé; vous m'avez

425 répondu comme un voyageur à qui l'on demanderait s'il a été en Italie ou en Allemagne, et qui dirait: Oui, j'y ai été; puis qui penserait à aller en Suisse, ou dans le premier pays venu. Est-ce donc une monnaie que votre amour, pour qu'il puisse passer ainsi de mains en mains jusqu'à la mort? Non, ce n'est pas

430 même une monnaie, car la plus mince pièce d'or vaut mieux que vous, et, dans quelque main qu'elle passe, elle garde son effigie[1].

PERDICAN – Que tu es belle, Camille, lorsque tes yeux s'animent!

CAMILLE – Oui, je suis belle, je le sais. Les complimenteurs ne
435 m'apprendront rien; la froide nonne[2] qui coupera mes cheveux pâlira peut-être de sa mutilation; mais ils ne se changeront

notes

1. **effigie**: représentation du visage d'une personne, portrait sur une pièce ou une médaille.

2. **nonne**: religieuse.

pas en bagues et en chaînes[1] pour courir les boudoirs[2] ; il n'en
manquera pas un seul sur ma tête lorsque le fer[3] y passera ; je
ne veux qu'un coup de ciseau, et quand le prêtre qui me
440 bénira me mettra au doigt l'anneau d'or de mon époux
céleste[4], la mèche de cheveux que je lui donnerai pourra lui
servir de manteau.

PERDICAN – Tu es en colère, en vérité.

CAMILLE – J'ai eu tort de parler ; j'ai ma vie entière sur les lèvres.
445 Ô Perdican ! ne raillez pas[5], tout cela est triste à mourir.

PERDICAN – Pauvre enfant, je te laisse dire, et j'ai bien envie de
te répondre un mot. Tu me parles d'une religieuse qui me
paraît avoir eu sur toi une influence funeste[6] ; tu dis qu'elle a
été trompée, qu'elle a trompé elle-même, et qu'elle est déses-
450 pérée. Es-tu sûre que si son mari ou son amant revenait lui
tendre la main à travers la grille du parloir, elle ne lui tendrait
pas la sienne ?

CAMILLE – Qu'est-ce que vous dites ? J'ai mal entendu.

PERDICAN – Es-tu sûre que si son mari ou son amant revenait
455 lui dire de souffrir encore, elle répondrait non ?

CAMILLE – Je le crois.

PERDICAN – Il y a deux cents femmes dans ton monastère, et la
plupart ont au fond du cœur des blessures profondes ; elles te
les ont fait toucher, et elles ont coloré ta pensée virginale[7] des
460 gouttes de leur sang. Elles ont vécu, n'est-ce pas ? et elles t'ont

passage analysé

notes

1. en bagues et en chaînes : une vieille
tradition amoureuse consiste à conserver sur
soi une mèche de cheveux de la personne
aimée à la façon d'un bijou précieux.
2. boudoirs : petits salons intimes et
confidentiels où les femmes peuvent
recevoir des invités.
3. le fer : par synecdoque* désigne
le ciseau, le rasoir.

4. époux céleste : les religieuses sont
symboliquement les épouses du Christ et
doivent ainsi porter un anneau au doigt
pour signifier ce mariage mystique.
5. ne raillez pas : ne vous moquez pas.
6. funeste : au sens propre, fatal, mortel ;
par extension, dangereux, néfaste,
nuisible.
7. virginale : propriété de ce qui est vierge.

montré avec horreur la route de leur vie ; tu t'es signée[1] devant
leurs cicatrices, comme devant les plaies de Jésus[2] ; elles t'ont
fait une place dans leurs processions[3] lugubres, et tu te serres
contre ces corps décharnés[4] avec une crainte religieuse,
465   lorsque tu vois passer un homme. Es-tu sûre que si l'homme
qui passe était celui qui les a trompées, celui pour qui elles
pleurent et elles souffrent, celui qu'elles maudissent en priant
Dieu, es-tu sûre qu'en le voyant elles ne briseraient pas leurs
chaînes pour courir à leurs malheurs passés, et pour presser
470   leurs poitrines sanglantes sur le poignard qui les a meurtries ?
Ô mon enfant ! sais-tu les rêves de ces femmes qui te disent de
ne pas rêver ? Sais-tu quel nom elles murmurent quand les
sanglots qui sortent de leurs lèvres font trembler l'hostie[5]
qu'on leur présente ? Elles qui s'assoient près de toi avec leurs
475   têtes branlantes pour verser dans ton oreille leur vieillesse flé-
trie, elles qui sonnent dans les ruines de ta jeunesse le tocsin[6]
de leur désespoir, et qui font sentir à ton sang vermeil[7] la fraîcheur de leur tombe, sais-tu qui elles sont ?

CAMILLE – Vous me faites peur ; la colère vous prend aussi.

480 PERDICAN – Sais-tu ce que c'est que des nonnes, malheureuse
fille ? Elles qui te représentent l'amour des hommes comme
un mensonge, savent-elles qu'il y a pis encore, le mensonge de
l'amour divin ? Savent-elles que c'est un crime qu'elles font,
de venir chuchoter à une vierge des paroles de femmes ? Ah !
485   comme elles t'ont fait la leçon ! Comme j'avais prévu tout cela
quand tu t'es arrêtée devant le portrait de notre vieille tante !

passage analysé

notes..

1. se signer : faire le signe de croix.
2. les plaies de Jésus : les cicatrices,
les stigmates de Jésus-Christ, à la suite
de sa crucifixion.
3. processions : défilés, cortèges religieux.
4. décharnés : littéralement, sans chair ; par
extension, anormalement amaigri.

5. hostie : pain rituel et sacré que le
chrétien consomme lors de l'eucharistie
(à la fin de la messe).
6. tocsin : type de sonnerie de cloches
d'église qui signale une alerte grave, ou un
deuil (employé ici métaphoriquement*).
7. vermeil : rouge vif.

Tu voulais partir sans me serrer la main ; tu ne voulais revoir ni ce bois, ni cette pauvre petite fontaine qui nous regarde tout en larmes ; tu reniais les jours de ton enfance, et le masque de plâtre que les nonnes t'ont plaqué sur les joues me refusait un baiser de frère ; mais ton cœur a battu ; il a oublié sa leçon, lui qui ne sait pas lire, et tu es revenue t'asseoir sur l'herbe où nous voilà. Eh bien ! Camille, ces femmes ont bien parlé ; elles t'ont mise dans le vrai chemin ; il pourra m'en coûter le bonheur de ma vie ; mais dis-leur cela de ma part : le Ciel n'est pas pour elles.

CAMILLE – Ni pour moi, n'est-ce pas ?

PERDICAN – Adieu, Camille, retourne à ton couvent, et lorsqu'on te fera de ces récits hideux qui t'ont empoisonnée, réponds ce que je vais te dire : Tous les hommes sont menteurs, inconstants, faux, bavards, hypocrites, orgueilleux et lâches, méprisables et sensuels ; toutes les femmes sont perfides[1], artificieuses[2], vaniteuses[3], curieuses et dépravées[4] ; le monde n'est qu'un égout sans fond où les phoques les plus informes rampent et se tordent sur des montagnes de fange[5], mais il y a au monde une chose sainte et sublime, c'est l'union de deux de ces êtres si imparfaits et si affreux. On est souvent trompé en amour, souvent blessé et souvent malheureux ; mais on aime, et quand on est sur le bord de sa tombe, on se retourne pour regarder en arrière, et on se dit : J'ai souffert souvent, je me suis trompé quelquefois ; mais j'ai aimé. C'est moi qui ai vécu, et non pas un être factice[6] créé par mon orgueil et mon ennui. *(Il sort.)*

notes

1. **perfides** : fourbes, traîtres, déloyales.
2. **artificieuses** : hypocrites, trompeuses, rusées (à force d'artifices, de stratagèmes).
3. **vaniteuses** : prétentieuses.
4. **dépravées** : débauchées.
5. **fange** : terme littéraire pour désigner la boue ; au sens figuré (métaphorique*), la bassesse.
6. **factice** : faux, fabriqué de toutes pièces.

Schaubühne : Man spielt nicht mit der Liebe

***On ne badine pas avec l'amour* de Musset, dessin de Gerd Hartung, 1977.**

Acte III

Scène 1

Devant le château.

LE BARON, MAÎTRE BLAZIUS, PERDICAN

Entrent LE BARON *et* MAÎTRE BLAZIUS.

LE BARON – Indépendamment de votre ivrognerie, vous êtes un bélître[1], maître Blazius. Mes valets vous voient entrer furtivement dans l'office, et quand vous êtes convaincu d'avoir volé mes bouteilles de la manière la plus pitoyable, vous croyez vous
5 justifier en accusant ma nièce d'une correspondance secrète.

MAÎTRE BLAZIUS – Mais, monseigneur, veuillez vous rappeler…

LE BARON – Sortez, monsieur l'abbé, et ne reparaissez jamais devant moi ; il est déraisonnable d'agir comme vous le faites, et ma gravité m'oblige à ne vous pardonner de ma vie. *(Il sort ;*
10 *maître Blazius le suit. Entre Perdican.)*

note ....

1. bélître : terme (du XVIIe siècle) très péjoratif, voire injurieux, pour désigner homme de rien, un sot ou un importun.

PERDICAN – Je voudrais bien savoir si je suis amoureux. D'un côté, cette manière d'interroger est tant soit peu cavalière, pour une fille de dix-huit ans ; d'un autre, les idées que ces nonnes lui ont fourrées dans la tête auront de la peine à se

15 corriger. De plus, elle doit partir aujourd'hui. Diable ! je l'aime, cela est sûr. Après tout, qui sait ? peut-être elle répétait une leçon, et d'ailleurs il est clair qu'elle ne se soucie pas de moi. D'une autre part, elle a beau être jolie, cela n'empêche pas qu'elle n'ait des manières beaucoup trop décidées, et un ton

20 trop brusque. Je n'ai qu'à n'y plus penser ; il est clair que je ne l'aime pas. Cela est certain qu'elle est jolie ; mais pourquoi cette conversation d'hier ne veut-elle pas me sortir de la tête ? En vérité, j'ai passé la nuit à radoter. Où vais-je donc ? – Ah ! je vais au village. *(Il sort.)*

Scène 2

Un chemin.

MAÎTRE BRIDAINE, MAÎTRE BLAZIUS, DAME PLUCHE,
PERDICAN, UN PAYSAN, ROSETTE

25 *Entre* MAÎTRE BRIDAINE – Que font-ils maintenant ? Hélas ! voilà midi. – Ils sont à table. Que mangent-ils ? Que ne mangent-ils pas ? J'ai vu la cuisinière traverser le village, avec un énorme dindon. L'aide portait les truffes, avec un panier de raisins. *(Entre maître Blazius.)*

30 MAÎTRE BLAZIUS – Ô disgrâce imprévue ! me voilà chassé du château, par conséquent de la salle à manger. Je ne boirai plus le vin de l'office.

MAÎTRE BRIDAINE – Je ne verrai plus fumer les plats ; je ne chaufferai plus au feu de la noble cheminée mon ventre

35 copieux.

MAÎTRE BLAZIUS – Pourquoi une fatale curiosité m'a-t-elle poussé à écouter le dialogue de dame Pluche et de sa nièce? Pourquoi ai-je rapporté au baron tout ce que j'ai vu?

MAÎTRE BRIDAINE – Pourquoi un vain orgueil m'a-t-il éloigné de ce dîner honorable, où j'étais si bien accueilli? Que m'importait d'être à droite ou à gauche?

MAÎTRE BLAZIUS – Hélas! j'étais gris[1], il faut en convenir, lorsque j'ai fait cette folie.

MAÎTRE BRIDAINE – Hélas! le vin m'avait monté à la tête quand j'ai commis cette imprudence.

MAÎTRE BLAZIUS – Il me semble que voilà le curé.

MAÎTRE BRIDAINE – C'est le gouverneur en personne.

MAÎTRE BLAZIUS – Oh! oh! monsieur le curé, que faites-vous là?

MAÎTRE BRIDAINE – Moi! je vais dîner. N'y venez-vous pas?

MAÎTRE BLAZIUS – Pas aujourd'hui. Hélas! maître Bridaine, intercédez[2] pour moi; le baron m'a chassé. J'ai accusé faussement mademoiselle Camille d'avoir une correspondance secrète, et cependant Dieu m'est témoin que j'ai vu ou que j'ai cru voir dame Pluche dans la luzerne. Je suis perdu, monsieur le curé.

MAÎTRE BRIDAINE – Que m'apprenez-vous là?

MAÎTRE BLAZIUS – Hélas! hélas! la vérité. Je suis en disgrâce complète pour avoir volé une bouteille.

MAÎTRE BRIDAINE – Que parlez-vous, messire, de bouteilles volées à propos d'une luzerne et d'une correspondance?

---

notes

1. **gris:** ivre.

2. **intercédez:** intervenez en faveur d'une personne auprès d'une autre.

MAÎTRE BLAZIUS – Je vous supplie de plaider ma cause. Je suis honnête, seigneur Bridaine. Ô digne seigneur Bridaine, je suis votre serviteur!

65 MAÎTRE BRIDAINE, *à part.* – Ô fortune[1]! est-ce un rêve? je serai donc assis sur toi, ô chaise bienheureuse[2]!

MAÎTRE BLAZIUS – Je vous serai reconnaissant d'écouter mon histoire, et de vouloir bien m'excuser, brave seigneur, cher curé.

70 MAÎTRE BRIDAINE – Cela m'est impossible, monsieur; il est midi sonné, et je m'en vais dîner. Si le baron se plaint de vous, c'est votre affaire. Je n'intercède point pour un ivrogne. *(À part.)* Vite, volons à la grille; et toi, mon ventre, arrondis-toi. *(Il sort en courant.)*

75 MAÎTRE BLAZIUS, *seul.* – Misérable Pluche! c'est toi qui paieras pour tous; oui, c'est toi qui es la cause de ma ruine, femme déhontée[3], vile[4] entremetteuse[5]. C'est à toi que je dois cette disgrâce. Ô sainte Université de Paris! on me traite d'ivrogne! Je suis perdu si je ne saisis une lettre, et si je ne prouve au baron que sa nièce a une correspondance. Je l'ai vue ce matin écrire à son bureau. Patience! voici du nouveau. *(Passe dame Pluche portant une lettre.)* Pluche, donnez-moi cette lettre.

DAME PLUCHE – Que signifie cela? C'est une lettre de ma maîtresse que je vais mettre à la poste au village.

85 MAÎTRE BLAZIUS – Donnez-la-moi, ou vous êtes morte.

---

notes

1. **fortune:** au sens étymologique de hasard, providence, chance.
2. **chaise bienheureuse:** par hypallage*, signifie *chaise sur laquelle «je serai»* *bienheureux*.
3. **déhontée:** sans honte, éhontée, donc sans pudeur.

4. **vile:** basse (au sens où l'on parle de bassesse morale ou de caractère).
5. **entremetteuse:** qui sert d'intermédiaire dans les affaires de cœur.

DAME PLUCHE – Moi, morte ! morte, Marie-Jésus, vierge et martyr !

MAÎTRE BLAZIUS – Oui, morte, Pluche ; donnez-moi ce papier. *(Ils se battent. Entre Perdican.)*

90 **PERDICAN** – Qu'y a-t-il ? Que faites-vous, Blazius ? Pourquoi violenter cette femme ?

DAME PLUCHE – Rendez-moi la lettre. Il me l'a prise, seigneur, justice !

MAÎTRE BLAZIUS – C'est une entremetteuse, seigneur. Cette let-
95 tre est un billet doux.

DAME PLUCHE – C'est une lettre de Camille, seigneur, de votre fiancée.

MAÎTRE BLAZIUS – C'est un billet doux à un gardeur de dindons.

00 **DAME PLUCHE** – Tu en as menti[1], abbé. Apprends cela de moi.

PERDICAN. – Donnez-moi cette lettre ; je ne comprends rien à votre dispute ; mais, en qualité de fiancé de Camille, je m'ar-roge le droit de la lire. *(Il lit.)* « À la sœur Louise, au couvent de★★★. » *(À part.)* Quelle maudite curiosité me saisit malgré
05 moi ? Mon cœur bat avec force, et je ne sais ce que j'éprouve. – Retirez-vous, dame Pluche ; vous êtes une digne femme et maître Blazius est un sot. Allez dîner ; je me charge de mettre cette lettre à la poste. *(Sortent maître Blazius et dame Pluche.)*

PERDICAN, *seul.* – Que ce soit un crime d'ouvrir une lettre, je le
10 sais trop bien pour le faire. Que peut dire Camille à cette sœur ? Suis-je donc amoureux ? Quel empire[2] a donc pris sur

notes
....

1. Tu en as menti : expression ancienne pour « tu as menti sur cela ».

2. empire : au sens classique et littéraire d'autorité, de domination, de maîtrise.

moi cette singulière[1] fille, pour que les trois mots écrits sur cette adresse me fassent trembler la main? Cela est singulier; Blazius, en se débattant avec la dame Pluche, a fait sauter le cachet. Est-ce un crime de rompre le pli[2]? Bon, je n'y changerai rien. *(Il ouvre la lettre et lit.)*

«Je pars aujourd'hui, ma chère, et tout est arrivé comme
«je l'avais prévu. C'est une terrible chose; mais ce pauvre
«jeune homme a le poignard dans le cœur; il ne se
«consolera pas de m'avoir perdue. Cependant j'ai fait tout
«au monde pour le dégoûter de moi. Dieu me pardonnera
«de l'avoir réduit au désespoir par mon refus. Hélas! ma
«chère, que pouvais-je y faire? Priez pour moi; nous nous
«reverrons demain et pour toujours. Toute à vous du
«meilleur de mon âme.
«CAMILLE.»

Est-il possible? Camille écrit cela! C'est de moi qu'elle parle ainsi! Moi au désespoir de son refus! Eh! bon Dieu! si cela était vrai, on le verrait bien; quelle honte peut-il y avoir à aimer? Elle a fait tout au monde pour me dégoûter, dit-elle, et j'ai le poignard dans le cœur? Quel intérêt peut-elle avoir à inventer un roman pareil? Cette pensée que j'avais cette nuit est-elle donc vraie? Ô femmes! Cette pauvre Camille a peut-être une grande piété! c'est de bon cœur qu'elle se donne à Dieu, mais elle a résolu et décrété qu'elle me laisserait au désespoir. Cela était convenu entre les bonnes amies avant de partir du couvent. On a décidé que Camille allait revoir son cousin, qu'on le lui voudrait faire épouser, qu'elle refuserait, et que le cousin serait désolé. Cela est si intéressant, une jeune fille qui fait à Dieu le

notes

1. **singulière:** particulière, étrange, étonnante, voire unique et extraordinaire.

2. **rompre le pli:** défaire le pli en rompant le cachet de cire qui tenait fermée la lettre pliée en deux. Par métonymie*, un pli désigne donc une lettre.

140 sacrifice du bonheur d'un cousin! Non, non, Camille, je ne
t'aime pas, je ne suis pas au désespoir, je n'ai pas le poignard dans
le cœur, et je te le prouverai. Oui, tu sauras que j'en aime une
autre avant de partir d'ici. Holà! brave homme! *(Entre un paysan.)* Allez au château; dites à la cuisine qu'on envoie un valet
45 porter à mademoiselle Camille le billet que voici. *(Il écrit.)*

Le Paysan – Oui, monseigneur. *(Il sort.)*

Perdican – Maintenant, à l'autre. Ah! je suis au désespoir!
Holà! Rosette, Rosette! *(Il frappe à une porte.)*

Rosette, *ouvrant.* – C'est vous, monseigneur! Entrez, ma mère
50 y est.

Perdican – Mets ton plus beau bonnet, Rosette, et viens avec
moi.

Rosette – Où donc?

Perdican – Je te le dirai; demande la permission à ta mère, mais
55 dépêche-toi.

Rosette *(Elle rentre dans la maison.)* – Oui, monseigneur.

Perdican – J'ai demandé un nouveau rendez-vous à Camille, et
je suis sûr qu'elle y viendra; mais, par le Ciel, elle n'y trouvera
pas ce qu'elle y comptera trouver. Je veux faire la cour à
60 Rosette devant Camille elle-même.

Scène 3

Le petit bois.
Le Paysan, Camille, Perdican, Rosette

Entrent Camille *et* Le Paysan.

Le Paysan – Mademoiselle, je vais au château porter une lettre
pour vous; faut-il que je vous la donne ou que je la remette à
la cuisine, comme me l'a dit le seigneur Perdican?

Camille – Donne-la-moi.

97

Dessin de Gerd Hartung, représentation de *On ne badine pas avec l'amour* à Berlin en 1988.

165 LE PAYSAN – Si vous aimez mieux que je la porte au château, ce n'est pas la peine de m'attarder ?

CAMILLE – Je te dis de me la donner.

LE PAYSAN – Ce qui vous plaira. *(Il donne la lettre.)*

CAMILLE – Tiens, voilà pour ta peine.

170 LE PAYSAN – Grand merci ; je m'en vais, n'est-ce pas ?

CAMILLE – Si tu veux.

LE PAYSAN – Je m'en vais, je m'en vais. *(Il sort.)*

CAMILLE, *lisant.* – Perdican me demande de lui dire adieu avant de partir, près de la petite fontaine où je l'ai fait venir hier. 175 Que peut-il avoir à me dire ? Voilà justement la fontaine, et je suis toute portée[1]. Dois-je accorder ce second rendez-vous ? Ah ! *(Elle se cache derrière un arbre.)* Voilà Perdican qui approche avec Rosette, ma sœur de lait. Je suppose qu'il va la quitter ; je suis bien aise de ne pas avoir l'air d'arriver la première. *(Entrent* 180 *Perdican et Rosette qui s'assoient.)*

CAMILLE, *cachée, à part.* – Que veut dire cela ? Il la fait asseoir près de lui ? Me demande-t-il un rendez-vous pour y venir causer avec une autre ? Je suis curieuse de savoir ce qu'il lui dit.

PERDICAN, *à haute voix, de manière que Camille l'entende.* – Je 185 t'aime, Rosette ; toi seule au monde tu n'as rien oublié de nos beaux jours passés ; toi seule tu te souviens de la vie qui n'est plus ; prends ta part de ma vie nouvelle ; donne-moi ton cœur, chère enfant ; voilà le gage de notre amour. *(Il lui pose sa chaîne sur le cou.)*

190 ROSETTE – Vous me donnez votre chaîne d'or ?

PERDICAN – Regarde à présent cette bague. Lève-toi et approchons-nous de cette fontaine. Nous vois-tu tous les deux, dans

note ....

1. toute portée : entièrement arrivée à destination.

99

la source, appuyés l'un sur l'autre ? Vois-tu tes beaux yeux près
des miens, ta main dans la mienne ? Regarde tout cela s'effacer.
(Il jette sa bague dans l'eau.) Regarde comme notre image a disparu ; la voilà qui revient peu à peu ; l'eau qui s'était troublée
reprend son équilibre ; elle tremble encore ; de grands cercles
noirs courent à sa surface ; patience, nous reparaissons ; déjà je
distingue de nouveau tes bras enlacés dans les miens ; encore
une minute, et il n'y aura plus une ride sur ton joli visage ;
regarde ! c'était une bague que m'avait donnée Camille.

CAMILLE, *à part.* – Il a jeté ma bague dans l'eau !

PERDICAN – Sais-tu ce que c'est que l'amour, Rosette ? Écoute !
le vent se tait ; la pluie du matin roule en perles sur les feuilles
séchées que le soleil ranime. Par la lumière du ciel, par le soleil
que voilà, je t'aime ! Tu veux bien de moi, n'est-ce pas ? On n'a
pas flétri ta jeunesse ? on n'a pas infiltré dans ton sang vermeil
les restes d'un sang affadi ? Tu ne veux pas te faire religieuse ; te
voilà jeune et belle dans les bras d'un jeune homme. Ô
Rosette, Rosette ! sais-tu ce que c'est que l'amour ?

ROSETTE – Hélas ! monsieur le docteur, je vous aimerai comme
je pourrai.

PERDICAN – Oui, comme tu pourras ; et tu m'aimeras mieux,
tout docteur que je suis et toute paysanne que tu es, que ces
pâles statues fabriquées par les nonnes, qui ont la tête à la place
du cœur, et qui sortent des cloîtres pour venir répandre dans la
vie l'atmosphère humide de leurs cellules ; tu ne sais rien ; tu
ne lirais pas dans un livre la prière que ta mère t'apprend,
comme elle l'a apprise de sa mère ; tu ne comprends même pas
le sens des paroles que tu répètes, quand tu t'agenouilles au
pied de ton lit ; mais tu comprends bien que tu pries, et c'est
tout ce qu'il faut à Dieu.

ROSETTE – Comme vous me parlez, monseigneur !

PERDICAN – Tu ne sais pas lire ; mais tu sais ce que disent ces
225   bois et ces prairies, ces tièdes rivières, ces beaux champs couverts de moissons, toute cette nature splendide de jeunesse. Tu
reconnais tous ces milliers de frères, et moi pour l'un d'entre
eux ; lève-toi, tu seras ma femme, et nous prendrons racine
ensemble dans la sève du monde tout-puissant. *(Il sort avec*
230   *Rosette.)*

Scène 4   LE CHŒUR, DAME PLUCHE, CAMILLE

Entre LE CHŒUR – Il se passe assurément quelque chose
d'étrange au château ; Camille a refusé d'épouser Perdican ; elle
doit retourner aujourd'hui au couvent dont[1] elle est venue.
Mais je crois que le seigneur son cousin s'est consolé avec
235   Rosette. Hélas ! la pauvre fille ne sait pas quel danger elle
court en écoutant les discours d'un jeune et galant seigneur.

DAME PLUCHE, *entrant.* – Vite, vite, qu'on selle mon âne !

LE CHŒUR – Passerez-vous comme un songe léger, ô vénérable
dame ? Allez-vous si promptement enfourcher derechef[2] cette
240   pauvre bête qui est si triste de vous porter ?

DAME PLUCHE – Dieu merci, chère canaille, je ne mourrai pas ici.

LE CHŒUR – Mourez au loin, Pluche, ma mie ; mourez incon-
nue dans un caveau malsain. Nous ferons des vœux pour votre
respectable résurrection.

245   DAME PLUCHE – Voici ma maîtresse qui s'avance. *(À Camille qui*
entre.) Chère Camille, tout est prêt pour notre départ ; le baron
a rendu ses comptes, et mon âne est bâté[3].

notes
....

1. **dont :** archaïsme syntaxique, lire « d'où ».
2. **derechef :** une seconde fois.
3. **bâté :** archaïsme pour dire « sellé ».
On peut y lire une allusion de Musset

à l'expression « âne bâté », qui désigne
au sens figuré (par métaphore) un idiot.

101

CAMILLE – Allez au diable, vous et votre âne, je ne partirai pas aujourd'hui. *(Elle sort.)*

250 LE CHŒUR – Que veut dire ceci ? Dame Pluche est pâle de terreur ; ses faux cheveux tentent de se hérisser, sa poitrine siffle avec force et ses doigts s'allongent en se crispant.

DAME PLUCHE – Seigneur Jésus ! Camille a juré[1] ! *(Elle sort.)*

Scène 5   *Entrent* LE BARON *et* MAÎTRE BRIDAINE.

MAÎTRE BRIDAINE – Seigneur, il faut que je vous parle en parti-
255 culier. Votre fils fait la cour à une fille du village.

LE BARON – C'est absurde, mon ami.

MAÎTRE BRIDAINE – Je l'ai vu distinctement passer dans la bruyère en lui donnant le bras ; il se penchait à son oreille et lui promettait de l'épouser.

260 LE BARON – Cela est monstrueux.

MAÎTRE BRIDAINE – Soyez-en convaincu ; il lui a fait un présent considérable, que la petite a montré à sa mère.

LE BARON – Ô Ciel ! considérable, Bridaine ? En quoi considérable ?

265 MAÎTRE BRIDAINE – Pour le poids et pour la conséquence. C'est la chaîne d'or qu'il portait à son bonnet.

LE BARON – Passons dans mon cabinet[2] ; je ne sais à quoi m'en tenir. *(Ils sortent.)*

---

notes

1. **a juré :** a fait un juron, a blasphémé, a outragé la divinité.

2. **cabinet :** cabinet de lecture et d'écriture, bureau.

Scène 6
La chambre de Camille.

CAMILLE, DAME PLUCHE, ROSETTE, PERDICAN

Entrent CAMILLE *et* DAME PLUCHE.

CAMILLE – Il a pris ma lettre, dites-vous ?

270 DAME PLUCHE – Oui, mon enfant ; il s'est chargé de la mettre à la poste.

CAMILLE – Allez au salon, dame Pluche, et faites-moi le plaisir de dire à Perdican que je l'attends ici. *(Dame Pluche sort.)* Il a lu ma lettre, cela est certain ; sa scène du bois est une vengeance,
275 comme son amour pour Rosette. Il a voulu me prouver qu'il en aimait une autre que moi, et jouer l'indifférent malgré son dépit. Est-ce qu'il m'aimerait, par hasard ? *(Elle lève la tapisserie.)* Es-tu là, Rosette ?

ROSETTE, *entrant.* – Oui ; puis-je entrer ?

280 CAMILLE – Écoute-moi, mon enfant ; le seigneur Perdican ne te fait-il pas la cour ?

ROSETTE – Hélas ! oui.

CAMILLE – Que penses-tu de ce qu'il t'a dit ce matin ?

ROSETTE – Ce matin ? Où donc ?

285 CAMILLE – Ne fais pas l'hypocrite. – Ce matin, à la fontaine, dans le petit bois.

ROSETTE – Vous m'avez donc vue ?

CAMILLE – Pauvre innocente ! Non, je ne t'ai pas vue. Il t'a fait de beaux discours, n'est-ce pas ? Gageons qu'il t'a promis de
290 t'épouser.

ROSETTE – Comment le savez-vous ?

CAMILLE – Qu'importe comment je le sais ? Crois-tu à ses promesses, Rosette ?

Au premier plan, le Chœur et, en transparence derrière l'écran, Rosette, Camille et Perdican (Viola Léger, Mélanie Beauchamp, Julie Le Gal et Nicolas Van Burek). *On ne badine pas avec l'amour*, Théâtre français de Toronto, 2008.

ROSETTE – Comment n'y croirais-je pas? Il me tromperait
donc? Pour quoi faire?

CAMILLE – Perdican ne t'épousera pas, mon enfant.

ROSETTE – Hélas! je n'en sais rien.

CAMILLE – Tu l'aimes, pauvre fille; il ne t'épousera pas, et la
preuve, je vais te la donner; rentre derrière ce rideau, tu n'au-
ras qu'à prêter l'oreille et à venir quand je t'appellerai. *(Rosette
sort.)*

CAMILLE, *seule.* – Moi qui croyais faire un acte de vengeance,
ferais-je un acte d'humanité? La pauvre fille a le cœur pris.
(Entre Perdican.) Bonjour, cousin, asseyez-vous.

PERDICAN – Quelle toilette, Camille! À qui en voulez-vous?

CAMILLE – À vous, peut-être; je suis fâchée de n'avoir pu me
rendre au rendez-vous que vous m'avez demandé; vous aviez
quelque chose à me dire?

PERDICAN, *à part.* – Voilà, sur ma vie, un petit mensonge assez
gros pour un agneau sans tache; je l'ai vue derrière un arbre
écouter la conversation. *(Haut.)* Je n'ai rien à vous dire qu'un
adieu, Camille; je croyais que vous partiez; cependant votre
cheval est à l'écurie, et vous n'avez pas l'air d'être en robe de
voyage.

CAMILLE – J'aime la discussion; je ne suis pas bien sûre de ne pas
avoir eu envie de me quereller encore avec vous.

PERDICAN – À quoi sert de se quereller, quand le raccommode-
ment est impossible? Le plaisir des disputes, c'est de faire la
paix.

CAMILLE – Êtes-vous convaincu que je ne veuille pas la faire?

PERDICAN – Ne raillez pas; je ne suis pas de force à vous répondre.

CAMILLE – Je voudrais qu'on me fît la cour ; je ne sais si c'est que j'ai une robe neuve, mais j'ai envie de m'amuser. Vous m'avez proposé d'aller au village, allons-y, je veux bien ; mettons-nous en bateau[1] ; j'ai envie d'aller dîner sur l'herbe, ou de faire une promenade dans la forêt. Fera-t-il clair de lune, ce soir ? Cela est singulier, vous n'avez plus au doigt la bague que je vous ai donnée ?

PERDICAN – Je l'ai perdue.

CAMILLE – C'est pour cela que je l'ai trouvée ; tenez, Perdican, la voilà.

PERDICAN – Est-ce possible ? Où l'avez-vous trouvée ?

CAMILLE – Vous regardez si mes mains sont mouillées, n'est-ce pas ? En vérité, j'ai gâté ma robe de couvent pour retirer ce petit hochet[2] d'enfant de la fontaine. Voilà pourquoi j'en ai mis une autre, et je vous dis, cela m'a changée ; mettez donc cela à votre doigt.

PERDICAN – Tu as retiré cette bague de l'eau, Camille, au risque de te précipiter[3] ? Est-ce un songe ? La voilà ; c'est toi qui me la mets au doigt ! Ah ! Camille, pourquoi me le rends-tu, ce triste gage[4] d'un bonheur qui n'est plus ? Parle, coquette et imprudente fille, pourquoi pars-tu ? pourquoi restes-tu ? Pourquoi, d'une heure à l'autre, changes-tu d'apparence et de couleur, comme la pierre de cette bague à chaque rayon du soleil ?

CAMILLE – Connaissez-vous le cœur des femmes, Perdican ? Êtes-vous sûr de leur inconstance, et savez-vous si elles changent réellement de pensée en changeant quelquefois de langage ?

notes

1. mettons-nous en bateau : montons dans un bateau.
2. hochet : jouet d'éveil pour les nouveau-nés.

3. te précipiter : au sens propre et étymologique de « tomber la tête la première ».
4. gage : garantie.

Il y en a qui disent que non. Sans doute, il nous faut souvent jouer un rôle, souvent mentir ; vous voyez que je suis franche ; mais êtes-vous sûr que tout mente dans une femme, lorsque sa langue ment ? Avez-vous bien réfléchi à la nature de cet être faible et violent, à la rigueur avec laquelle on le juge, aux principes qu'on lui impose ? Et qui sait si, forcée à tromper par le monde, la tête de ce petit être sans cervelle ne peut pas y prendre plaisir, et mentir quelquefois par passe-temps, par folie, comme elle ment par nécessité ?

PERDICAN – Je n'entends rien[1] à tout cela, et je ne mens jamais. Je t'aime, Camille, voilà tout ce que je sais.

CAMILLE – Vous dites que vous m'aimez, et vous ne mentez jamais ?

PERDICAN – Jamais.

CAMILLE – En voilà une qui dit pourtant que cela vous arrive quelquefois. *(Elle lève la tapisserie ; Rosette paraît dans le fond, évanouie sur une chaise.)* Que répondrez-vous à cette enfant, Perdican, lorsqu'elle vous demandera compte de vos paroles ? Si vous ne mentez jamais, d'où vient donc qu'elle s'est évanouie en vous entendant me dire que vous m'aimez ? Je vous laisse avec elle ; tâchez de la faire revenir. *(Elle veut sortir.)*

PERDICAN – Un instant, Camille, écoute-moi.

CAMILLE – Que voulez-vous me dire ? c'est à Rosette qu'il faut parler. Je ne vous aime pas, moi ; je n'ai pas été chercher par dépit[2] cette malheureuse enfant au fond de sa chaumière, pour en faire un appât, un jouet ; je n'ai pas répété imprudemment devant elle des paroles brûlantes adressées à une autre ; je n'ai pas feint de jeter au vent pour elle le souvenir d'une amitié

notes

1. Je n'entends rien : archaïsme* (sens du XVIIᵉ siècle) pour « je comprends rien ».

2. dépit : déception mêlée de colère et de rancœur.

chérie ; je ne lui ai pas mis ma chaîne au cou ; je ne lui ai pas dit que je l'épouserais.

380 PERDICAN – Écoute-moi, écoute-moi !

CAMILLE – N'as-tu pas souri tout à l'heure quand je t'ai dit que je n'avais pu aller à la fontaine ? Eh bien ! oui, j'y étais, et j'ai tout entendu ; mais, Dieu m'en est témoin, je ne voudrais pas y avoir parlé comme toi. Que feras-tu de cette fille-là, mainte-
385 nant, quand elle viendra, avec tes baisers ardents sur les lèvres, te montrer en pleurant la blessure que tu lui as faite ? Tu as voulu te venger de moi, n'est-ce pas, et me punir d'une lettre écrite à mon couvent ? Tu as voulu me lancer à tout prix quelque trait[1] qui pût m'atteindre, et tu comptais pour rien
390 que ta flèche empoisonnée traversât cette enfant, pourvu qu'elle me frappât derrière elle. Je m'étais vantée de t'avoir inspiré quelque amour, de te laisser quelque regret. Cela t'a blessé dans ton noble orgueil ? Eh bien ! apprends-le de moi, tu m'aimes, entends-tu ; mais tu épouseras cette fille, ou tu n'es
395 qu'un lâche !

PERDICAN – Oui, je l'épouserai.

CAMILLE – Et tu feras bien.

PERDICAN – Très bien, et beaucoup mieux qu'en t'épousant toi-même. Qu'y a-t-il, Camille, qui t'échauffe si fort ? Cette
400 enfant s'est évanouie ; nous la ferons bien revenir[2] ; il ne faut pour cela qu'un flacon de vinaigre[3] ; tu as voulu me prouver que j'avais menti une fois dans ma vie ; cela est possible, mais je te trouve hardie[4] de décider à quel instant. Viens, aide-moi à secourir Rosette. *(Ils sortent.)*

notes ....

1. trait : terme classique pour désigner une flèche. Emploi métaphorique* ici.
2. la ferons bien revenir : la ferons revenir à elle, la ferons reprendre ses esprits.

3. vinaigre : remède de l'époque pour faire reprendre conscience après un malaise.
4. hardie : audacieuse.

Scène 7   Le Baron, Camille, Perdican, Rosette, un Valet

Entrent Le Baron *et* Camille.

Le Baron – Si cela se fait, je deviendrai fou.

Camille – Employez votre autorité.

Le Baron – Je deviendrai fou, et je refuserai mon consentement ; voilà qui est certain.

Camille – Vous devriez lui parler et lui faire entendre raison.

Le Baron – Cela me jettera dans le désespoir pour tout le carnaval, et je ne paraîtrai pas une fois à la cour. C'est un mariage disproportionné. Jamais on n'a entendu parler d'épouser la sœur de lait de sa cousine ; cela passe toute espèce de bornes.

Camille – Faites-le appeler, et dites-lui nettement que ce mariage vous déplaît. Croyez-moi, c'est une folie, et il ne résistera pas.

Le Baron – Je serai vêtu de noir[1] cet hiver, tenez-le pour assuré.

Camille – Mais parlez-lui, au nom du Ciel ! C'est un coup de tête qu'il a fait ; peut-être n'est-il déjà plus temps ; s'il en a parlé, il le fera.

Le Baron – Je vais m'enfermer pour m'abandonner à ma douleur. Dites-lui, s'il me demande, que je suis enfermé, et que je m'abandonne à ma douleur de le voir épouser une fille sans nom[2]. *(Il sort.)*

Camille – Ne trouverai-je pas ici un homme de cœur[3] ? En vérité, quand on en cherche, on est effrayé de sa solitude. *(Entre Perdican.)* Eh bien ! cousin, à quand le mariage ?

notes

1. vêtu de noir : en vêtements de deuil (le noir en est la couleur symbolique).
2. fille sans nom : fille sans titre de noblesse, roturière.

3. de cœur : au sens classique de « courageux », « qui a du courage ».

PERDICAN – Le plus tôt possible ; j'ai déjà parlé au notaire, au curé et à tous les paysans.

430 CAMILLE – Vous comptez donc réellement que vous épouserez Rosette ?

PERDICAN – Assurément.

CAMILLE – Qu'en dira votre père ?

PERDICAN – Tout ce qu'il voudra ; il me plaît d'épouser cette
435 fille ; c'est une idée que je vous dois, et je m'y tiens. Faut-il vous répéter les lieux communs les plus rebattus sur sa naissance et sur la mienne ? Elle est jeune et jolie, et elle m'aime. C'est plus qu'il n'en faut pour être trois fois heureux. Qu'elle ait de l'esprit ou qu'elle n'en ait pas, j'aurais pu trouver pire.
440 On criera et on raillera ; je m'en lave les mains.

CAMILLE – Il n'y a rien là de risible ; vous faites très bien de l'épouser. Mais je suis fâchée pour vous d'une chose : c'est qu'on dira que vous l'avez fait par dépit.

PERDICAN – Vous êtes fâchée de cela ? Oh ! que non.

445 CAMILLE – Si, j'en suis vraiment fâchée pour vous. Cela fait du tort à un jeune homme, de ne pouvoir résister à un moment de dépit.

PERDICAN – Soyez-en donc fâchée ; quant à moi, cela m'est bien égal.

450 CAMILLE – Mais vous n'y pensez pas ; c'est une fille de rien.

PERDICAN – Elle sera donc de quelque chose, lorsqu'elle sera ma femme.

CAMILLE – Elle vous ennuiera avant que le notaire ait mis son habit neuf et ses souliers pour venir ici ; le cœur vous lèvera[1]

note ··

1. **le cœur vous lèvera** : vous aurez un haut-le-cœur, vous serez écœuré.

au repas de noces, et le soir de la fête, vous lui ferez couper les mains et les pieds, comme dans les contes arabes[1], parce qu'elle sentira le ragoût.

PERDICAN – Vous verrez que non. Vous ne me connaissez pas ; quand une femme est douce et sensible, fraîche, bonne et belle, je suis capable de me contenter de cela, oui, en vérité, jusqu'à ne pas me soucier de savoir si elle parle latin.

CAMILLE – Il est à regretter qu'on ait dépensé tant d'argent pour vous l'apprendre ; c'est trois mille écus de perdus.

PERDICAN – Oui ; on aurait mieux fait de les donner aux pauvres.

CAMILLE – Ce sera vous qui vous en chargerez, du moins pour les pauvres d'esprit[2].

PERDICAN – Et ils me donneront en échange le royaume des cieux, car il est à eux.

CAMILLE – Combien de temps durera cette plaisanterie ?

PERDICAN – Quelle plaisanterie ?

CAMILLE – Votre mariage avec Rosette.

PERDICAN – Bien peu de temps ; Dieu n'a pas fait de l'homme une œuvre de durée : trente ou quarante ans, tout au plus.

CAMILLE – Je suis curieuse de danser à vos noces !

PERDICAN – Écoutez-moi, Camille, voilà un ton de persiflage[3] qui est hors de propos.

notes

1. Allusion à un récit des *Mille et une nuits* où une jeune femme, dégoûtée par une odeur d'ail, coupe les pouces de son mari durant leur nuit de noces.
2. **pauvres d'esprit** : expression de Jésus-Christ, tirée de l'Évangile, qui célèbre les « pauvres en esprit » (« Heureux les pauvres en esprit car le royaume des cieux est à eux »), c'est-à-dire, les humbles, les modestes. Elle est perfidement détournée par Camille pour désigner les « pauvres d'esprit » (les idiots, les imbéciles).
3. **persiflage** : moquerie, raillerie.

CAMILLE – Il me plaît trop pour que je le quitte.

PERDICAN – Je vous quitte donc vous-même ; car j'en ai tout à
l'heure[1] assez.

CAMILLE – Allez-vous chez votre épousée ?

PERDICAN – Oui, j'y vais de ce pas.

CAMILLE – Donnez-moi donc le bras ; j'y vais aussi. *(Entre
Rosette.)*

PERDICAN – Te voilà, mon enfant ! Viens, je veux te présenter à
mon père.

ROSETTE, *se mettant à genoux.* – Monseigneur, je viens vous
demander une grâce. Tous les gens du village à qui j'ai parlé ce
matin m'ont dit que vous aimiez votre cousine, et que vous ne
m'avez fait la cour que pour vous divertir tous deux ; on se
moque de moi quand je passe, et je ne pourrai plus trouver de
mari dans le pays, après avoir servi de risée à tout le monde.
Permettez-moi de vous rendre le collier que vous m'avez
donné, et de vivre en paix chez ma mère.

CAMILLE – Tu es une bonne fille, Rosette ; garde ce collier, c'est
moi qui te le donne, et mon cousin prendra le mien à la place.
Quant à un mari, n'en sois pas embarrassée, je me charge de
t'en trouver un.

PERDICAN – Cela n'est pas difficile, en effet. Allons, Rosette,
viens, que je te mène à mon père.

CAMILLE – Pourquoi ? Cela est inutile.

PERDICAN – Oui, vous avez raison, mon père nous recevrait mal ;
il faut laisser passer le premier moment de surprise qu'il a
éprouvée. Viens avec moi, nous retournerons sur la place.

note

1. **tout à l'heure** : au sens classique de « tout de suite »,
« maintenant », « sur-le-champ ».

Je trouve plaisant qu'on dise que je ne t'aime pas quand je t'épouse. Pardieu! nous les ferons bien taire. *(Il sort avec Rosette.)*

CAMILLE – Que se passe-t-il donc en moi? Il l'emmène d'un air bien tranquille. Cela est singulier: il me semble que la tête me tourne. Est-ce qu'il l'épouserait tout de bon? Holà! dame Pluche, dame Pluche! N'y a-t-il donc personne ici? *(Entre un valet.)* Courez après le seigneur Perdican; dites-lui vite qu'il remonte ici, j'ai à lui parler. *(Le valet sort.)* Mais qu'est-ce donc que tout cela? Je n'en puis plus, mes pieds refusent de me soutenir. *(Rentre Perdican.)*

PERDICAN – Vous m'avez demandé, Camille?

CAMILLE – Non, non.

PERDICAN – En vérité, vous voilà pâle! qu'avez-vous à me dire? Vous m'avez fait rappeler pour me parler?

CAMILLE – Non, non. – Ô Seigneur Dieu! *(Elle sort.)*

Scène 8

Un oratoire[1].
CAMILLE, PERDICAN

Entre CAMILLE; *elle se jette au pied de l'autel*[2] – M'avez-vous abandonnée, ô mon Dieu? Vous le savez, lorsque je suis venue, j'avais juré de vous être fidèle; quand j'ai refusé de devenir l'épouse d'un autre que vous, j'ai cru parler sincèrement devant vous et ma conscience; vous le savez, mon Père; ne voulez-vous donc plus de moi? Oh! pourquoi faites-vous mentir la vérité elle-même? Pourquoi suis-je si faible? Ah! malheureuse, je ne puis plus prier. *(Entre Perdican.)*

notes

1. oratoire: lieu où l'on fait des prières (oraisons), désigne une petite chapelle.

2. autel: table sacrée où l'on célèbre la messe, le sacrifice chrétien.

PERDICAN – Orgueil, le plus fatal des conseillers humains, qu'es-
tu venu faire entre cette fille et moi ? La voilà pâle et effrayée,
qui presse sur les dalles insensibles son cœur et son visage. Elle
aurait pu m'aimer, et nous étions nés l'un pour l'autre ; qu'es-
tu venu faire sur nos lèvres, orgueil, lorsque nos mains allaient
se joindre ?

CAMILLE – Qui m'a suivie ? Qui parle sous cette voûte ? Est-ce
toi, Perdican ?

PERDICAN – Insensés que nous sommes ! nous nous aimons. Quel
songe avons-nous fait, Camille ? Quelles vaines paroles, quelles
misérables folies ont passé comme un vent funeste[1] entre nous
deux ? Lequel de nous a voulu tromper l'autre ? Hélas ! cette vie
est elle-même un si pénible rêve ! pourquoi encore y mêler les
nôtres ? Ô mon Dieu ! le bonheur est une perle si rare dans cet
océan d'ici-bas ! Tu nous l'avais donné, pêcheur céleste, tu l'avais
tiré pour nous des profondeurs de l'abîme, cet inestimable
joyau ; et nous, comme des enfants gâtés que nous sommes, nous
en avons fait un jouet. Le vert sentier qui nous amenait l'un vers
l'autre avait une pente si douce, il était entouré de buissons si
fleuris, il se perdait dans un si tranquille horizon ! Il a bien fallu
que la vanité, le bavardage et la colère vinssent jeter leurs
rochers informes sur cette route céleste, qui nous aurait conduits
à toi dans un baiser ! Il a bien fallu que nous nous fissions du
mal, car nous sommes des hommes ! Ô insensés ! nous nous
aimons. *(Il la prend dans ses bras.)*

CAMILLE – Oui, nous nous aimons, Perdican ; laisse-moi le sentir
sur ton cœur. Ce Dieu qui nous regarde ne s'en offensera pas ;
il veut bien que je t'aime ; il y a quinze ans qu'il le sait.

PERDICAN – Chère créature, tu es à moi ! *(Il l'embrasse ; on entend
un grand cri derrière l'autel.)*

passage analysé

note

| **1. funeste :** au sens propre, fatal ; par extension, néfaste, nuisible.

114

CAMILLE – C'est la voix de ma sœur de lait.

PERDICAN – Comment est-elle ici ? Je l'avais laissée dans l'escalier, lorsque tu m'as fait rappeler. Il faut donc qu'elle m'ait suivi sans que je m'en sois aperçu.

CAMILLE – Entrons dans cette galerie, c'est là qu'on a crié.

PERDICAN – Je ne sais ce que j'éprouve ; il me semble que mes mains sont couvertes de sang.

CAMILLE – La pauvre enfant nous a sans doute épiés ; elle s'est encore évanouie ; viens, portons-lui secours ; hélas ! tout cela est cruel.

PERDICAN – Non, en vérité, je n'entrerai pas ; je sens un froid mortel qui me paralyse. Vas-y, Camille, et tâche de la ramener. *(Camille sort.)* Je vous en supplie, mon Dieu ! ne faites pas de moi un meurtrier ! Vous voyez ce qui se passe ; nous sommes deux enfants insensés, et nous avons joué avec la vie et la mort ; mais notre cœur est pur ; ne tuez pas Rosette, Dieu juste ! Je lui trouverai un mari, je réparerai ma faute ; elle est jeune, elle sera riche, elle sera heureuse ; ne faites pas cela, ô Dieu ! vous pouvez bénir encore quatre de vos enfants. Eh bien ! Camille, qu'y a-t-il ? *(Camille rentre.)*

CAMILLE – Elle est morte. Adieu, Perdican.

Test de première lecture

❶ Quelle nouvelle maître Blazius annonce-t-il au baron dans la scène d'exposition ?

❷ De quoi maître Bridaine tente-t-il de convaincre le baron dès le début de la pièce ? Quelle peur cette insistance cache-t-elle ?

❸ Quel honneur le baron accorde-t-il à maître Bridaine ?

❹ Pour quelle raison le baron tient-il absolument à marier sa nièce à son fils ?

❺ Qu'est-ce que refuse Camille à Perdican lors de leurs retrouvailles ?

❻ Quel comportement Perdican adopte-t-il avec les villageois, qui enrage son père ?

❼ Pour quelle raison Camille est-elle venue au château de son oncle ?

❽ Pourquoi maître Bridaine décide-t-il de quitter le château et de retourner à sa cure* ? Pourquoi change-t-il d'idée finalement ?

❾ Pourquoi Camille veut-elle repartir ?

❿ Quelle raison a convaincu Camille de renoncer au mariage ?

⓫ Quel message fait porter Camille à Perdican par le biais de dame Pluche ?

⓬ Quel lien unit Camille et Rosette ?

⓭ Pourquoi le baron chasse-t-il maître Blazius du château ?

⓮ Que jette Perdican dans la fontaine ? Dans quel but ?

⓯ Quel motif pousse Perdican à faire la cour à Rosette ? Qu'est-ce que le contexte dans lequel se fait sa déclaration d'amour a de particulier ?

⓰ Quelle information provoque l'évanouissement de Rosette ?

⓱ À quel propos Rosette supplie-t-elle Perdican ? Pour quelles raisons ?

⓲ Comment le baron réagit-il à l'annonce du mariage de son fils ?

*: Cf. Glossaire

⓲ Qu'arrive-t-il à Rosette à la fin de la pièce ? Qu'est-ce qui a déclenché cet événement ?

⓴ Pourquoi Camille décide-t-elle de quitter définitivement le château malgré un amour réciproque entre elle et Perdican ?

L'étude
de l'œuvre

Quelques notions de base

En préliminaire : quelques renseignements sur le genre dramatique

Les outils d'analyse littéraire peuvent servir à l'analyse de n'importe quelle pièce de théâtre, mais il convient cependant de tenir compte des caractéristiques spécifiques au genre dramatique. Une pièce de théâtre est un texte littéraire constitué d'un ensemble de répliques accompagnées de didascalies*. Ces dernières fournissent des indications qui concernent la représentation sur scène. Il y a donc deux moments de création au théâtre, ce qui implique une double analyse : celle de la pièce écrite et celle de la mise en scène. La tâche de transformer le texte en spectacle ou représentation revient au metteur en scène. C'est lui qui lit d'abord la pièce pour en dégager une vision unificatrice ; il dirige ensuite les comédiens en tenant compte de cette perspective qui peut se modifier en cours de répétition. Il veille à la conception de l'espace scénique, des décors et des costumes. Il coordonne le travail de tous les artisans qui participent à l'élaboration du spectacle. Il arrive que cette représentation scénique s'éloigne beaucoup des intentions de l'auteur au moment de l'écriture, car le metteur en scène se considère de plus en plus actuellement comme un créateur relativement autonome, responsable de faire en sorte que la pièce trouve son public et l'émeuve. Le travail du metteur en scène ajoute une deuxième dimension et de nouveaux sens au texte, permettant ainsi de nouvelles pistes d'analyse. Il ne faut donc pas confondre une pièce avec sa représentation scénique, qui prend parfois une grande distance par rapport à l'œuvre écrite.

Le métier de metteur en scène n'est toutefois apparu qu'à la fin du XIXe siècle, avec André Antoine (1858-1943) et le naturalisme. À l'époque de Musset, une version beaucoup plus rudimentaire de ce rôle revient à l'auteur ou au directeur de troupe. Néanmoins, qu'il y ait mise en scène ou non, la pièce de théâtre comporte toujours une

* : Cf. Glossaire

portion de texte concernant le jeu des comédiens et la représentation sur scène : ce sont les didascalies, ces indications scéniques prévues par l'auteur et que l'on distingue généralement par leur caractère italique dans le texte. Malgré le côté quelquefois anodin de ces informations, il est important d'y porter attention : elles sont des indices de la façon dont l'auteur souhaitait voir sa pièce jouée sur scène.

D'autres notions importantes sont proprement spécifiques à l'analyse théâtrale. Il convient, par exemple, de bien distinguer le temps de la fiction, qui englobe à la fois l'époque à laquelle se déroulent l'histoire et la durée de l'action, et le temps de la représentation, qui désigne la durée du spectacle.

Traits distinctifs du théâtre romantique

Ce sont deux grandes figures de la première génération des romantiques, Victor Hugo et Alfred de Vigny, qui définirent les paramètres du drame romantique, et ce, chacun dans une préface, celle de Hugo pour sa pièce *Cromwell* et celle de Vigny pour son adaptation d'*Othello* de Shakespeare. Sans être aussi stricts que les règles de la tragédie classique, ces paramètres constituent tout de même des balises importantes concernant les sujets, la structure et le style des pièces.

Les sujets, dont le choix est laissé à l'imagination de l'auteur, doivent cependant répondre à trois exigences :

- **La couleur locale :** Alors que la tragédie classique s'inspirait de l'Antiquité, les romantiques veulent toucher davantage les Français en présentant sur scène leur propre histoire, et plus particulièrement celle du Moyen Âge, une époque alors méconnue dont ils essaient de reconstituer l'atmosphère malgré des connaissances encore bien relatives et limitées.

- **La vérité :** La tragédie classique avait pour règle la vraisemblance, c'est-à-dire que les auteurs devaient rendre crédible l'intrigue aux yeux d'un spectateur de l'époque en tenant compte de certaines limites notamment morales. Le drame romantique, quant à lui, a un souci de vérité qui le porte à représenter la vie même sous ses formes les plus excessives. Ainsi, dans une pièce classique, on ne meurt pas sur scène parce que cela serait inconvenant; les personnages ne se touchent pas puisque nous sommes dans une époque puritaine, alors qu'on agonise très longuement dans une pièce romantique et qu'on ne recule pas devant l'expression des émotions trop intenses.

- **La portée morale :** Le théâtre a, selon les romantiques, le devoir d'apporter un enseignement moral qui doit atteindre tous les spectateurs, indifféremment de leur origine sociale, puisque le théâtre est de nature publique et qu'il doit s'adresser à toutes les couches sociales (alors que le théâtre classique était un théâtre de caste).

Opposés aux règles classiques, les romantiques cherchent à libérer le théâtre, tout particulièrement de la **règle des trois unités** (temps, lieu, action) formulée par Boileau au XVIIe siècle. L'unité de temps et l'unité de lieu sont rejetées, car elles ne permettent pas de donner toute son ampleur à un drame à caractère historique. Au contraire, l'action du drame romantique peut se dérouler sur plusieurs années et les nombreux changements de décor sont privilégiés afin de bien faire revivre l'époque. Les romantiques rejettent également l'unité d'action, faisant du drame une vaste fresque où se croisent plusieurs destins. Les actions secondaires sont donc admises et même favorisées par souci, encore une fois, de dépeindre la vie de façon crédible et touchante.

Par le style, le drame romantique s'éloigne aussi de la tragédie de Corneille et de Racine, soit en optant carrément pour la prose (Vigny, Musset), soit en libérant l'alexandrin. En effet, Hugo choisit de briser la régularité de la coupe métrique (par exemple, en ne respectant pas la césure* systématique en deux hémistiches* comme chez les dramaturges classiques).

*: *Cf.* Glossaire

Aussi, les romantiques font éclater la frontière entre la comédie et la tragédie, privilégiant le mélange des genres. À l'époque du classicisme, les aspects grotesques et triviaux de l'humain étaient réservés à la comédie, un genre considéré comme mineur par rapport à la tragédie qui illustrait sur scène le déchirement moral de héros incapables de concilier leurs aspirations personnelles avec les exigences sociales. Victor Hugo soutenait que cette division était artificielle, puisque l'humain possède toujours simultanément ces deux tendances en lui.

Selon Hugo, c'est le drame (qui devient le genre romantique par excellence) qui vise à réunir sur scène le «sublime» et le «terrible» de la tragédie, le «grotesque» et le «bouffon» de la comédie (préface de *Cromwell*, 1827). La comédie de Musset met en œuvre cette esthétique romantique du mélange des registres* sérieux, lyrique, voire tragique*, et des registres comique, satirique* et burlesque*. Les personnages de la pièce peuvent même se définir en fonction de ce double registre : d'une part, les quatre marionnettes humaines en proie au grotesque et au burlesque (le baron, Blazius, Bridaine, Pluche) et, d'autre part, les quatre personnages qui sont capables d'éprouver des sentiments et qui ainsi ont accès au registre lyrique : le chœur, Rosette, Perdican et Camille.

* : *Cf.* Glossaire

Tableau descriptif de la comédie et du drame au XIXᵉ siècle

LA COMÉDIE	La comédie vise à faire rire et présente une vision optimiste de la vie en s'appuyant sur un dénouement heureux. Le personnage de comédie est un Monsieur Tout-le-Monde tiré de l'anonymat le temps d'un spectacle. Pour faire rire, la comédie ne peut se contenter du pouvoir des mots (ce qui se rapporte à la *littérarité*). Il faut jouer sur les effets visuels et le jeu corporel, ce qui contribue à un plus grand degré de *théâtralité*. Quelques auteurs représentatifs : Corneille (comédies baroques) ; Molière (farces, comédies baroques et classiques) ; Marivaux (comédies sentimentales) et Beaumarchais (comédies de mœurs) ; Musset ; Labiche et Feydeau (vaudevilles) ; au Québec, Gratien Gélinas.
Action	**Personnages** Personnages principaux issus de la bourgeoisie, la jeune génération étant souvent en opposition avec celle des parents. Personnage du valet, conseiller du maître et souvent adjuvant ; ses traits stéréotypés sont la source du comique de la pièce. Figurants illustrant la domesticité de la maison. **Intrigue** Conflit de couple ou de générations ou dans les relations maître-domestique. **Espace et temps dramatiques** Habituellement une maison bourgeoise au XVIIᵉ ou XVIIIᵉ siècle.
Structure et thématique	Plus la comédie est proche de la farce, plus la pièce tend à être courte. Plus la comédie cherche à s'élever, plus elle imite la structure de la tragédie en 5 actes, de l'exposition au dénouement, qui devra forcément être heureux (annuler les conflits, rétablir l'harmonie).

Tableau descriptif de la comédie et du drame au XIXe siècle (suite)

Structure et thématique (suite)	Habituellement, les auteurs dramatiques se donnent plus de liberté dans la comédie que dans la tragédie. En général, elle dépeint la réalité quotidienne, la vie privée. Si on privilégie certains thèmes, on utilisera les dénominations suivantes : • Comédie de caractères : intrigue fondée sur une opposition de caractères • Comédie de mœurs : intrigue fondée sur l'observation sociale (traits de mentalité) • Comédie sentimentale : intrigue fondée sur les relations amoureuses.
Style et procédés d'écriture	Composées en vers dans le cas des grandes comédies de Molière ; sinon en prose. Comique farcesque (ou gestuel) : mécanisation du corps ; grimaces et mimiques grotesques ; bastonnades, etc. Comique d'intrigue ou de situation : déguisement, quiproquo (confusion sur les personnes) et imbroglio (intrigue qui multiplie les ramifications), coup de théâtre (retournement imprévu de situation). Comique de langage : procédés d'exagération (hyperbole*), de contraste ou créant la surprise. Humour (jeux de mots), ironie* (les mots contredisent la pensée, antiphrase), rythme dans les échanges (stichomythie*, parallélisme*, etc.). Mélange de niveaux de langue. Automatisme de langage.
LE DRAME	Au XVIIIe siècle, Diderot est le premier à réclamer une nouvelle forme de théâtre qui représente sur scène les conditions sociales du citoyen ordinaire, exerçant une profession tout en assumant son rôle de père de famille. Ces pièces qualifiées de *drame bourgeois* ne sont plus montées aujourd'hui. Au XIXe siècle, Victor Hugo redéfinit le drame dans une optique romantique, visant une démocratisation du théâtre qui doit dorénavant plaire à tous les publics par le mélange des genres, l'alliance des groupes sociaux et la fusion du grotesque au sublime. Auteurs représentatifs : Victor Hugo, Alfred de Musset, Alfred de Vigny, Alexandre Dumas.

* : Cf. Glossaire

Tableau descriptif de la comédie et du drame au XIXᵉ siècle (suite)

Action	**Personnages**
	Héros jeunes souvent prisonniers d'un dualisme inscrit dans leur personnalité : en quête de sublime ou voulant se distinguer par leur héroïsme, ils sont acculés à la trahison où à la bassesse.
	Personnages secondaires nombreux et scènes de groupes fréquentes, ce qui contribue à la théâtralité (effet spectaculaire).
	Les personnages féminins représentent généralement un idéal de pureté.
	Intrigue
	Contextes historiques, où l'action, située dans le passé, fournit des explications à ce qui se passe en France à l'époque romantique.
	Espace et temps fictifs
	Pour illustrer le goût du pittoresque, le cadre fictif sera souvent celui de pays étrangers ou d'une époque révolue : par exemple la pièce de Hugo *Hernani* est située en Espagne en 1519 ; de Musset, *Lorenzaccio*, à Florence au XVIᵉ siècle.
Structure et thématique	Thématique du côté des émotions plutôt que du côté des idées et de la raison.
	Quête de l'idéal et désir d'élévation ; malaise existentiel (le mal du siècle).
	Pièce séparée en actes et en scènes, mais qui ne respecte plus la règle classique des trois unités. L'intrigue se charge d'anecdotes secondaires et on met en scène les suicides, les meurtres, les longues agonies (on ne se contente pas de les rapporter comme dans la tragédie).
Style et procédés d'écriture	Les didascalies laissent entrevoir des mises en scène fastueuses, loin de la sobriété et du statisme des tragédies classiques, avec bruits, musique, décor et accessoires.
	Mélange de comique et de tragique.
	Composé en vers ou en prose.
	Accent mis sur le caractère émouvant ou pathétique* de la représentation.
	Effets de contrastes marqués ; goût pour les rapprochements antithétiques (procédés d'antithèse et d'oxymore*).

* : *Cf.* Glossaire

Un genre particulier : le proverbe dramatique

C'est un genre dramatique de salon, presque un jeu de société : il s'agissait au XVIIe, puis au XVIIIe siècle, d'improviser une intrigue théâtrale qui puisse illustrer un proverbe que les spectateurs devaient deviner à la fin de la pièce. Le succès de ce qui n'était au départ qu'un jeu fut tel que l'on composa de véritables petites pièces de théâtre où le proverbe était contenu dans le titre ou révélé à la fin.

Au moment où Musset écrit *On ne badine pas avec l'amour*, le proverbe est donc devenu un genre dramatique à part entière, comme le montre par exemple la pièce de Vigny intitulée *Quitte pour la peur*, représentée en 1833, mais aussi les premiers poèmes dramatiques de Musset, inspirés de Byron : *Les marrons du feu* (1829) et *La coupe et les lèvres* (1832). Musset continuera par la suite à illustrer ce genre : *Il ne faut jurer de rien* (1836), *Il faut qu'une porte soit ouverte ou fermée* (1845), *On ne saurait penser à tout* (1849).

Plus généralement, Musset s'inspire d'une tendance didactique* de la comédie qui vise à délivrer une leçon plaisante et sa pièce peut alors être rapprochée à juste titre de certaines comédies de William Shakespeare que Musset et les romantiques prennent comme maître : *Beaucoup de bruit pour rien*, *Comme il vous plaira*, et surtout *Peines d'amour perdues*.

* : *Cf.* Glossaire

L'étude de la pièce
par acte
en s'appuyant
sur des extraits

**On ne badine pas avec l'amour,
la pièce**

Musset, *On ne badine pas avec l'amour,*
acte I, scène I : l'exposition
Premier extrait, pages 49 à 52, lignes 1 à 73

Étape préparatoire à l'analyse ou à la dissertation : compréhension du passage en tenant compte du contexte

❶ Situez l'extrait en procédant de la façon suivante :

   a) Résumez l'extrait et dites en quoi il est important pour la compréhension de la pièce.

   b) Résumez ce que le lecteur apprend de l'intrigue.

   c) Résumez ce que le lecteur apprend sur la personnalité des deux arrivants.

❷ Répondez aux questions suivantes concernant le chœur :

   a) Qui semble composer ce chœur ?

   b) À quelles informations donne-t-il accès ?

   c) Le croyez-vous nécessaire ?

❸ Le premier acte, que l'on nomme « l'exposition », a pour fonction de présenter tous les éléments nécessaires à la compréhension de la pièce. Dites s'il répond à cette exigence à l'aide des questions suivantes :

   a) Est-il possible de relever dans cet extrait le sujet et les thèmes dominants de l'intrigue ?

   b) Indique-t-il le temps et le lieu de l'action ?

   c) Les personnages sont-ils tous présentés ? Comment sont ici décrits Perdican et Camille ?

   d) Annonce-t-il l'élément déclencheur et le dénouement ?

❹ Divisez cet extrait en deux parties, l'une étant délimitée par la première réplique du chœur jusqu'au moment où Blazius quitte la scène (l. 1 à 40) et l'autre par la présentation de dame Pluche par le chœur jusqu'à sa sortie de scène (l. 41 à 73). Répondez ensuite aux questions.

a) Résumez chacune de ces deux parties en lui attribuant un titre.

b) Comparez les répliques de ces deux parties. Analysez leur ordre et leur contenu. Que constatez-vous ?

c) Quels effets cette division et cette structure engendrent-elles ?

d) Quels sont les thèmes qui se retrouvent dans les deux parties ?

❺ Maître Blazius et dame Pluche sont présentés par le chœur comme des personnages comiques. Dites pour chacun des personnages ce qui est à la source de cet effet comique. Relevez certaines répliques qui vous permettent de justifier ce choix.

❻ Dites en quoi la description de Perdican faite par Blazius s'avère davantage négative que positive.

❼ D'après vous, quelle est la fonction de dame Pluche auprès de Camille ? En quoi cette fonction est-elle en contradiction avec la description et le langage de cette dame ?

.... **Vers la rédaction** ....

❽ Suivez les étapes proposées dans le but de rédiger une introduction qui conviendrait au sujet suivant :

Montrez que les personnages de maître Blazius et de dame Pluche s'opposent l'un à l'autre.

a) Parmi les formulations suivantes, choisissez celle qui pourrait le mieux convenir comme « sujet amené ».

a. Au XIXe siècle, les romantiques cherchent à briser les règles du théâtre classique, notamment par le mélange des registres comique et tragique. C'est exactement ce que fait Alfred de Musset dans son drame intitulé *On ne badine pas avec l'amour*.

b. Dans la « préface » de son drame *Cromwell*, publié en 1827, Victor Hugo jette les bases du drame romantique. Le tragique doit se joindre au comique afin de créer des pièces qui reflètent la vie plus fidèlement. Plusieurs romantiques le suivront dans cette voie, dont Alfred de Musset avec son proverbe dramatique *On ne badine pas avec l'amour*.

c. Les romantiques français de la première moitié du XIXe siècle s'intéressent au renouvellement du théâtre, car ce genre beaucoup plus populaire que la poésie permet de donner une plus grande portée à l'enseignement moral qu'ils souhaitent communiquer dans leur écriture. C'est la raison pour laquelle Alfred de Musset écrit sa pièce *On ne badine pas avec l'amour*.

d. Les romantiques, au XIXe siècle, tentent le renouvellement d'une littérature trop longtemps marquée par le classicisme du XVIIe siècle. Ils proposent, comme Alfred de Musset dans sa pièce *On ne badine pas avec l'amour*, de toucher davantage les Français de leur époque en laissant de côté les personnages et les mythes de l'Antiquité.

b) Parmi les idées suivantes, dégagez-en trois qui vous semblent les plus révélatrices et qui pourront vous servir de « sujet divisé ».

a. La description et l'accueil que réserve le chœur à maître Blazius s'opposent au traitement réservé à dame Pluche.

b. La structure en miroir de l'exposition crée une antithèse formelle entre les deux personnages.

c. La tenue ainsi que les manières des deux personnages sont contraires.

d. Le ton et le vocabulaire employés sont totalement différents dans les deux parties de l'exposition.

e. Le grotesque est davantage visible chez le personnage de dame Pluche que chez maître Blazius.

c) Rédigez l'introduction en utilisant vos réponses précédentes de façon pertinente et en les complétant pour qu'on y trouve les articulations suivantes : le « sujet amené », le « sujet posé » (accompagné d'une courte présentation de la pièce et de la situation de l'extrait) et le « sujet divisé ».

❾ Montrez que l'exposition de cette pièce annonce à la fois une comédie plutôt burlesque et une comédie sentimentale. Suivez la démarche ci-dessous pour chacun des paragraphes de votre dissertation :

a) Formulez en ouverture la phrase-clé qui présente l'idée principale du paragraphe.

b) Présentez deux ou trois idées secondaires.

c) Illustrez-les par des citations ou des exemples.

d) Terminez le paragraphe par une phrase de clôture ou une phrase de transition, au choix.

❿ Retenez un des deux sujets (questions 8 et 9) pour rédiger une dissertation complète. Prévoyez de réviser votre dissertation par étapes successives :

a) Une première révision qui concerne le sens.

b) Une deuxième révision d'ordre orthographique et grammatical.

c) Et, si possible, une dernière révision, qui part de la fin du texte pour remonter vers le début.

❶ Situez l'extrait en procédant de la façon suivante :

   a) Résumez l'extrait.

   b) Expliquez ce que ce passage apporte à la pièce.

   c) En quoi est-il nécessaire à l'intrigue et au dénouement ?

❷ Quel est le thème principal de cet extrait ? Est-ce le thème dominant de la pièce ?

❸ Relevez les indices permettant de mieux identifier le chœur. Quelle semble être la relation de ce chœur à Perdican et vice-versa ?

❹ Quelle relation Perdican semble-t-il entretenir avec Rosette, tant sur le plan affectif que social ?

❺ À quelle vision du personnage ce prénom de « Rosette » peut-il prédisposer ?

❻ Expliquez en quoi la question du mariage de Rosette et la réponse du chœur fait écho au reste de la pièce.

❼ Divisez cette scène en deux parties, de la ligne 338 à la ligne 384, puis de la ligne 385 à 399.

   a) Dans la première partie :

     a. Observez la longueur des répliques.

     b. Indiquez quelle tonalité prédomine.

     c. Dites quelle est l'émotion dominante.

   b) Dans la deuxième partie :

     a. Qu'observez-vous comme changement quant à la longueur des phrases ?

     b. Y a-t-il un changement de tonalité ?

     c. L'émotion exprimée est-elle la même ?

❽ Construisez les champs lexicaux se rapportant aux thèmes suivants :

   a) la nature ;

   b) le passé ;

   c) la mort.

.... **Vers la rédaction** ....

❾ Montrez que ce passage traite de certains thèmes lyriques privilégiés par les romantiques (les saisons, le temps qui passe, la nature confidente ou sauvage, la violence des sentiments, le rêve, les souvenirs, la mort et les tourments de la vie).

❿ Traditionnellement, l'une des fonctions du chœur tragique consiste à rappeler le passé. Montrez que cette fonction est bien remplie dans cette scène, mais qu'elle ne relève pas uniquement du chœur.

Musset, On ne badine pas avec l'amour, acte II, scène 4

Extrait, pages 74 à 77, lignes 126 à 209

❶ Situez l'extrait en procédant de la façon suivante :

   a) Résumez l'extrait et expliquez l'intérêt de ce passage dans la compréhension de la pièce.

   b) Résumez ce que le lecteur apprend de nouveau sur l'intrigue principale.

❷ Expliquez la situation en précisant ce qui est à l'origine du quiproquo*. Qu'est-ce qui contribue à le renforcer ?

❸ Cette scène apporte plusieurs revirements à l'intrigue. Montrez-le en répondant aux questions suivantes :

   a) En quoi la relation entre maître Blazius et le baron est-elle remise en question par cette scène ?

   b) Comment l'image de Camille que se forme le baron est-elle modifiée dans cette scène ?

   c) En quoi le comportement de dame Pluche est-il différent de celui qui nous est présenté dans l'exposition ?

❹ Qu'est-ce qui contribue au grotesque de cette scène :

   a) dans le discours* de maître Blazius ?

   b) dans les questions du baron ?

   c) dans le message lui-même tel que le perçoit le lecteur ?

❺ Relevez les digressions* qui détournent le discours de Blazius des éléments essentiels de son récit*.

❻ Relevez et analysez les répétitions comiques.

❼ Montrez que la dernière réplique de Blazius est construite comme une argumentation logique. Qu'est-ce qui fait que cette argumentation se termine de façon comique ?

* : Cf. Glossaire

❽ En quoi cette scène contribue-t-elle à illustrer le conflit de génération ? D'une certaine façon, annonce-t-elle le drame ?

❾ Cette scène vous semble-t-elle participer à l'effet comique ou dramatique ? Justifiez votre point de vue.

················· **Vers la rédaction** ·················

❿ Faites le plan d'une dissertation sur le sujet suivant :

La communication est fondée sur un certain nombre de règles qui en permettent le bon fonctionnement, la bonne compréhension et la parfaite lisibilité. Montrez que ces règles sont ici bafouées par les personnages qui transforment la communication en conversation absurde.

⓫ Montrez que le discours de Blazius est parsemé à la fois de mensonges et de vérités.

a) Relevez les citations qui permettent de le prouver et remplissez le tableau ci-dessous en suivant l'exemple donné.

	Citations qui le prouvent	Effets produits par ces citations (explications)	Procédés
Mensonges	• « je veux dire dans la galerie » • « je veux dire une carafe d'eau » • « je veux dire un verre d'eau »	Donne vraiment l'impression que Blazius ne contrôle plus ses paroles, donc qu'il est probablement en état d'ébriété.	Répétition de la formule « je veux dire ». Le verbe nous indique bien sa volonté d'obéir au devoir d'honnêteté envers son maître, mais son incapacité à le faire.
Vérités			

b) À partir de ce tableau, rédigez des arguments en plaçant les éléments dans cet ordre : citation, procédé et explication. Faites le plan d'une dissertation en organisant ces arguments en idées principales et secondaires.

Lectures croisées

Questionnaire sur le texte de Musset

❶ En tenant compte de ce qui précède et de ce qui suit, expliquez en quoi cette scène constitue le nœud* de l'intrigue.

❷ Constituez un tableau opposant les thèses et les arguments de Camille et de Perdican.

❸ Dressez le portrait de Camille et de Perdican en fonction de ce que l'on peut déduire de leur affrontement.

❹ Avec lesquelles des affirmations suivantes êtes-vous d'accord ? Justifiez votre choix.

   a) Perdican affiche un certain mépris pour la religion et la vie au couvent.

   b) Perdican ne croit pas en Dieu.

   c) Il encourage Camille à prendre le voile.

   d) Il ne croit pas à la vie immortelle.

   e) Perdican respecte le don de soi dont les religieuses font preuve.

   f) Perdican ne croit pas que les religieuses qui se confient à Camille aient renoncé totalement à l'amour.

   g) Il est d'avis que ces femmes qui ont donné leur vie pour Dieu auront une place de choix au Ciel.

❺ Chacun des personnages utilise de nombreuses figures de rhétorique* dans le but de convaincre son vis-à-vis. Déterminez la figure de rhétorique dans les exemples suivants.

   a) *Je veux aimer, mais je ne veux pas souffrir.*

   b) *Si l'ange de l'espérance vous abandonne.*

                            * : *Cf.* Glossaire

c) *Vous avez pleuré des larmes de joie et des larmes de désespoir.*

d) *Vous ne croyez pas qu'on puisse mourir d'amour, vous qui vivez et qui avez aimé.*

e) *Vous m'avez répondu comme un voyageur à qui l'on demanderait s'il a été en Italie ou en Allemagne.*

f) *Est-ce donc une monnaie que votre amour ?*

g) *Elles ont coloré ta pensée virginale des gouttes de leur sang.*

h) *Elles qui sonnent dans les ruines de ta jeunesse le tocsin de leur désespoir.*

i) *On te fera de ces récits hideux qui t'ont empoisonnée.*

j) *Tous les hommes sont menteurs, inconstants, faux, bavards, hypocrites, orgueilleux et lâches, méprisables et sensuels.*

k) *Le monde n'est qu'un égout sans fond où les phoques les plus informes rampent et se tordent sur des montagnes de fange.*

l) *Il y a au monde une chose sainte et sublime, c'est l'union de deux de ces êtres si imparfaits et si affreux.*

m) *On est souvent trompé en amour, souvent blessé et souvent malheureux.*

❻ Analysez les deux dernières tirades* de Camille (l. 411 à 432 et 434 à 442) et dites comment le style d'écriture (syntaxe, ponctuation, champs lexicaux) suggère une forte émotion.

Évelyne de la Chenelière, *Des fraises en janvier*, 1999

Née à Montréal en 1975, Évelyne de la Chenelière étudie la littérature et le théâtre à Paris avant de revenir s'installer à Montréal. Aujourd'hui auteure et comédienne importante de la scène québécoise, elle entame sa carrière de façon éclatante avec sa première pièce, *Des fraises en janvier*, qui remporte le Masque du texte original décerné par l'Académie québécoise du théâtre. Vite apprécié par le milieu et la critique, ce texte est joué successivement à Carleton, puis à Montréal par le Théâtre d'Aujourd'hui et la

* : *Cf. Glossaire*

On ne badine pas avec l'amour

Compagnie Jean Duceppe avant d'être traduit en anglais par le Théâtre Centaur. On compte aujourd'hui des versions allemande et espagnole de cette pièce. Depuis lors, l'auteure a signé une quinzaine d'autres œuvres.

La pièce *Des fraises en janvier* se présente comme un chassé-croisé amoureux dans lequel chacun des quatre personnages, par le biais de retours sur le passé et de hasards heureux, tente à la fois de se trouver et de trouver l'amour dans toute sa simplicité quotidienne.

FRANÇOIS. Hein?

LÉA. Non mais je veux dire qu'il y a des gens partout, des voitures, de la pollution… c'est tellement vivant.

FRANÇOIS. Ben oui c'est vrai... Vous avez eu un garçon ou une fille?

LÉA. Un garçon. François. Ma mère le garde le temps que je m'installe...

FRANCOIS. Puis... finalement... Avez-vous retrouvé votre amie Sophie?

LÉA. Non. Je me demande maintenant si je la reconnaîtrais dans la rue sans ses deux petites couettes.

Sophie entre.

SOPHIE. Léa?

LÉA. Sophie?!

FRANÇOIS. Vous vous connaissez?

LÉA ET SOPHIE. Ben oui.

LÉA. T'as reçu mes lettres?

SOPHIE. Non.

LÉA. Moi non plus j'ai pas reçu tes lettres.

SOPHIE. ...

LÉA. Tu m'as pas écrit de lettres?

SOPHIE. Non.

LÉA. Même pas une toute petite, que tu allais justement poster demain, que t'aurais oublié de poster et qui serait dans ton sac?

SOPHIE. Non.

LÉA. C'est parce que t'avais peur que je trouve des fautes d'orthographe comme quand on était petites, c'est ça?

SOPHIE. Oui.

LÉA. Est-ce que c'est vrai que t'as appelé ta fille Léa?

SOPHIE. Non.

LÉA. Comment tu l'as appelée?

SOPHIE. J'ai pas de fille. Pas d'enfants. Pas de mari. Pas de nouvelle maison.

LÉA. Et t'as pas arrêté de te ronger les ongles ?

SOPHIE. Non plus.

LÉA. Tu jouais à la madame heureuse et comblée ?

SOPHIE. C'est ça.

LÉA. T'aurais pu me le dire qu'on jouait. Comme ça j'aurais pu m'amuser moi aussi.

SOPHIE. Léa je m'excuse...

LÉA. Moi aussi j'aimerais encore jouer aux madames heureuses et comblées avec toi, Sophie. Tu te rappelles les chapeaux incroyables et les souliers à talons qui donnent le vertige tellement c'est haut tout à coup, et on prenait le thé et on parlait de nos bonnes et de nos bijoux et de nos chevaux et de nos maris et on inventait tout ça et on jouait et c'était pas grave parce qu'on jouait ensemble. Et toi t'as continué à jouer sans me le dire, mais t'as même pas de chapeau incroyable et les talons hauts te donnent plus le vertige depuis longtemps, alors à quoi ça te sert de jouer à la madame ?

SOPHIE. J'allais t'écrire la vérité bientôt. J'allais t'écrire dès que j'aurais été heureuse.

FRANÇOIS. Quelque chose à boire, les filles ?

LÉA. Pis si c'était jamais arrivé ?

SOPHIE. C'est ça, dis que je serai jamais heureuse !

FRANÇOIS. ... un petit café arrosé, quelque chose ?

SOPHIE. François t'as aucun sens de l'à-propos.

LÉA. Ah vous vous connaissez ?

SOPHIE ET FRANÇOIS. Ben oui.

FRANÇOIS. Tu m'as dit que c'est exactement ça que tu adorais chez moi.

SOPHIE. Hein ?

FRANÇOIS. Oui tu l'as dit.

SOPHIE. C'est vrai, OK je l'ai dit.

FRANÇOIS. Tu m'as dit que tu adorais mon manque de sens de l'à-propos, mon manque de savoir-vivre, tous mes manques, et que j'étais l'être le plus surprenant que t'aies jamais rencontré. Tu m'as dit que j'étais comme une surprise qui n'en finit pas d'être surprenante et...

Robert entre.

ROBERT. Salut !

FRANÇOIS. Je me disais, aussi, qu'il manquait quelqu'un.

FRANÇOIS ET SOPHIE. Salut Robert.

LÉA. Salut Robert.

ROBERT. Léa ? !

FRANÇOIS ET SOPHIE. Ah vous vous connaissez ?
ROBERT ET LÉA. Ben oui !

Long silence.

LÉA. Qu'est-ce qu'on dit dans ce temps-là ?
ROBERT. T'as l'air en forme.
LÉA. C'est l'air de la ville.
ROBERT. Tu m'as manqué.
LÉA. C'est vrai ?

François et Sophie parlent entre eux en même temps que parlent entre eux Robert et Léa.

FRANÇOIS. Tu m'as aussi dit que tu adorais l'air que j'avais quand je pensais qu'on me regardait pas.
ROBERT. Léa j'ai rêvé cette rencontre.
SOPHIE. C'est vrai j'ai dit ça. Tiens prends une fraise.
ROBERT. Tu me dirais que tu m'as cherché comme une folle pour me dire qu'on avait fait un bébé ensemble dans le gazon mouillé.
FRANÇOIS. T'as apporté des fraises ?
SOPHIE. Je suis passée par le marché.
LÉA. Et je te dirais qu'il s'appelle François.
ROBERT. Et je te dirais que c'est parfait.
FRANÇOIS. Mais c'est pas la saison.
SOPHIE. Non mais c'est meilleur quand c'est pas la saison.
LÉA. Mais tu m'as dit que tu voulais une aventure sans lendemain !
ROBERT. Oui mais le lendemain j'avais envie de la recommencer.
FRANÇOIS. Tu m'as dis aussi que tu aimais ma façon de dire au revoir comme si je posais une question.
LÉA. Et tu m'as dit que tu voulais pas de sapins de Noël, de famille, de traditions.
ROBERT. On pourrait prendre une épinette à la place d'un sapin.
SOPHIE. Je t'ai dit aussi que je voulais pas prendre le risque de te perdre un jour pour toujours.
FRANÇOIS. T'as pas dit ça, t'as dit que tu savais pas si j'étais assez responsable pour fonder une famille.
SOPHIE. Oui mais ce que je voulais dire, c'est que je voulais pas prendre le risque de te perdre un jour pour toujours.
ROBERT. Pourquoi tu m'as pas appelé ?
LÉA. J'avais peur que ce soit un faux numéro...
SOPHIE. Ce que je voulais dire, c'est...

Lectures croisées

LÉA. Pis tu m'as dit que t'en voulais pas, de relation à long terme !

SOPHIE. Elles sont bonnes, hein, les fraises ?

ROBERT. J'ai oublié de te dire que j'aimerais être avec toi jusqu'à demain, et que demain je te demanderai la même chose, et après demain et ainsi de suite jusqu'à ce que t'aies les cheveux blancs.

FRANÇOIS. C'est les meilleures fraises que j'ai jamais mangées.

LÉA. Et quand j'aurai les cheveux blancs ?

ROBERT. On repartira en voyage de noces.

LÉA. En voyage de noces ?

SOPHIE. Un jour j'ai failli te dire que tous, ils ne valaient rien à côté de toi, tous les Italiens et les autres et même ceux dans les films. Ceux dans les films, si t'enlèves la musique ils ne valent plus rien du tout.

ROBERT. Oui et on se fera mettre dehors de tous les hôtels, de toutes les auberges, parce qu'on fera trop de bruit à force d'être heureux.

LÉA. Oui.

SOPHIE. J'ai failli te dire tout ça et je me suis pratiquée devant mon miroir et j'étais plutôt ridicule alors j'ai rien dit.

LÉA. Mais tu trouves pas ça un peu soudain ?

SOPHIE. Et je t'aurais dit qu'on devrait se marier, qu'on devrait se marier en hiver puisque c'est bien meilleur quand c'est pas la saison. Et toi t'aurais dit...

ROBERT. Les gens se marient tous sans savoir ce qu'ils font. Alors ne sachons pas ce que nous faisons, marions-nous et on verra après. Comme tout le monde.

FRANÇOIS. Oui.

LÉA. Oui.

Évelyne de la Chenelière, « Des fraises en hiver », dans *Théâtre*, Éditions Fides, 2003 (p. 62-66), © Éditions Fides. Cet extrait a été reproduit aux termes d'une licence accordée par Copibec.

Questionnaire sur le texte d'Évelyne de la Chenelière

❶ Dans cet extrait, Léa, Robert, François et Sophie apprennent à affronter leurs peurs. Expliquez cette affirmation en précisant de quelles peurs il s'agit pour chacun des personnages.

❷ Quelle est l'image de l'amour qui se dégage à travers les deux déclarations d'amour qui se chevauchent?

❸ Comparez ce texte à celui de Musset et dites en quoi chacune de ces œuvres est bien représentative de l'époque de sa création : le XIXe siècle pour le texte de Musset et le XXIe siècle pour celui d'Évelyne de la Chenelière.

❹ Cet extrait débute dans la tristesse; comment se termine-t-il? Expliquez cette évolution.

❺ Quelle est la vision du mariage qui se dégage de cet extrait?

Réjean Ducharme, *L'avalée des avalés*, 1966

Né en 1941 à Saint-Félix-de-Valois, Réjean Ducharme est écrivain, dramaturge, scénariste, parolier et sculpteur. Il est un des seuls auteurs québécois à avoir été publié par la prestigieuse maison d'édition française Gallimard et son œuvre demeure l'une des plus importantes et des plus originales de la littérature québécoise. Son premier roman, *L'avalée des avalés*, publié en 1966, lui vaut le Prix du Gouverneur général.

Ce passage présente le monologue* intérieur de Bérénice Einberg, une jeune adolescente mi-juive, mi-catholique, qui, à travers sa quête d'identité, rejette catégoriquement le monde des adultes et les valeurs traditionnelles.

Depuis que j'ai des mamelles et que je n'ai plus de boutons, Mordre-à-Caille, l'aîné de mes cousins, m'aime en silence. Pauvre cher âne! Il me tend des pièges tendres dans l'escalier, aux détours de la table, sur le pas des portes, dans le boudoir quand je condescends à aller regarder le poste de télévision. Il multiplie les allusions équivoques. Des regards coupables s'échappent de ses yeux de porc, de ses petits yeux à la Einberg. Je ne sais plus que faire pour refroidir l'agaçante ardeur de ce scrofuleux. Je lui ai offert de lui donner un petit spectacle de striptease. Il m'a fait entendre que c'était mon amitié qu'il voulait. Si c'est mon amitié que tu veux, cesse de me regarder entre les genoux! Je ne lui ai pas mâché mes mots! Ça ne lui a pas fait grand-chose. En silence, les yeux pleins d'eau, les mains moites, le cœur à fleur de peau, il revient régulièrement à la charge. Il veut mon amitié, absolument. Il veut que

* : *Cf.* Glossaire

je lui sourie. Le grand nigaud ! Il me trouve jolie ! Il faut qu'il ait faim d'amitié en sapristi ! Je grandis, démesurément. Je grandis si vite que, du jour au lendemain, je ne trouve plus dans mon miroir qu'une sorte de gonflement boursouflé de moi-même. Qu'importe ! Je préfère devenir grande comme Chamomor que rester petite comme Einberg. J'ai assez d'avoir ses yeux et sa bouche ! Il me semble que Dick Dong aussi, qui demeure à trois-quatre pâtés de maisons vers l'est, manifeste à mon égard un intérêt de garçon. Quand nous nous croisons sur le trottoir, il a toujours quelque chose de singulier à me dire. « Quand tu voudras, madame ! », « Toi, je t'aime ! », « Partons ensemble pour le Wyoming ! Il paraît qu'il y a tellement de vaches par là qu'ils ont été obligés de construire des pâturages à plusieurs étages. » J'avoue qu'il me fait rire, que je ne le trouve pas laid. Mais je ne me pendrai jamais au bras d'un garçon, ne serait-ce que pour ne pas faire comme les deux milliards d'autres exemplaires du sexe féminin. Je ne serai la girl-friend d'aucun garçon, et aucun garçon ne sera mon boy-friend. Qu'elle ne compte pas sur moi, l'institution de l'amour, la machine à faire se promener les filles au bras des garçons. Qu'ils ne comptent pas trop sur moi, les metteurs en scène et en rut du cinéma de l'amour. Si jamais je me marie, ce sera avec Christian ou avec un crocodile.

Si Constance Chlore vivait encore, je changerais son nom en Constance Exsangue. Comment ai-je pu, pendant cinq ans, lui conserver un nom aussi bête ? Il y a le vrai et le faux. Le vrai est ce qui me donne envie de rire, le faux, ce qui me donne envie de vomir. L'amour est faux. La haine est vraie. Les animaux sont vrais. Les hommes sont faux.

Réjean Ducharme, *L'avalée des avalés*, 1966 (p. 175-176), © Éditions Gallimard.

Questionnaire sur le texte de Réjean Ducharme

❶ Contre qui et quoi Bérénice se révolte-t-elle ?

❷ Relevez le champ lexical* du mépris.

❸ À quel registre de langue appartient le vocabulaire utilisé par le personnage ? Quelle intention de l'auteur ce choix lexical révèle-t-il ?

❹ Relevez les passages qui prouvent que la narratrice est bien une adolescente.

*: Cf. Glossaire

❺ Que peut-on conclure de sa conception de l'amour ?

❻ Comparez cet extrait avec celui du texte d'Évelyne de la Chenelière. Quelles différences peut-on relever quant à :

a) la maturité des personnages ?

b) la tonalité employée ?

c) la thématique principale ?

.... **Vers la rédaction – Analyse croisée** ....

❶ Analysez la façon dont les trois auteurs représentent le couple.

❷ Montrez que le discours de Bérénice Einberg sur l'amour est nettement plus pessimiste que celui qui se dégage des autres extraits.

❸ Montrez que l'extrait des *Fraises en janvier* présente un espoir concernant les relations amoureuses qui n'est pas présent dans les autres textes.

❶ Situez l'extrait en répondant aux questions suivantes :

a) Dans quel lieu se situe l'action ?

b) À qui parle Camille avant que n'entre Perdican ?

❷ Dites quel événement précédant cette scène laisse prévoir ce déroulement tragique au point d'expliquer l'immobilité de Perdican quand il entend le cri de Rosette. En vous remémorant cet événement, dites quelles sont les raisons qui poussent Rosette à commettre un tel geste.

❸ En mettant cette scène en relation avec l'ensemble de la pièce, expliquez pourquoi Perdican, tout au début de la scène, accuse l'orgueil de les avoir perdus.

❹ Portez attention aux didascalies et dites en quoi elles jouent un rôle important dans la compréhension du dénouement.

❺ En quoi peut-on affirmer qu'il y a un double dénouement ?

❻ Serait-il vrai de dire que cette fin relève d'un coup de théâtre* ?

❼ En quoi ce dénouement est-il particulièrement cruel et paradoxal ?

❽ Relevez le champ lexical de la mort. Que remarquez-vous ?

.... **Vers la rédaction** ....

❾ Montrez que le dénouement, quand on le considère en tenant compte du reste de la pièce, permet de mieux comprendre que celle-ci soit considérée comme un drame.

❿ Montrez que cette dernière scène justifie et illustre le titre de la pièce.

* : *Cf.* Glossaire

L'étude de l'œuvre dans une démarche plus globale

La démarche proposée ici peut précéder ou suivre l'analyse par extrait. Elle entraîne une connaissance plus synthétique de l'œuvre, et met l'accent sur la compréhension de toute la pièce. Les deux démarches peuvent être exclusives ou complémentaires.

Pour chacun des trois actes de la pièce, adoptez une démarche d'analyse qui tienne compte des composantes du texte dramatique, soit :

a) l'intrigue ;

b) les personnages ;

c) la thématique ;

d) l'organisation, le style et la tonalité.

Intrigue

❶ Faites le résumé de chacun des actes de la pièce en tenant compte des réponses aux questions suivantes :

a) **Qui ?** Quels sont les personnages en présence ?

b) **Quoi ?** Qu'apprend-on sur eux ? Que font-ils ? Quel est l'état de leurs relations ?

c) **Quand ? Et où ?** Quelle est la situation exposée et dans quel contexte ?

d) **Comment ?** Quelles relations s'établissent entre les personnages ?

e) **Pourquoi ?** Quel est l'objet de leur quête ? Quels moyens prennent-ils pour atteindre ce but ?

Personnages principaux et secondaires

❶ Au fil de la pièce, comment évoluent les personnages principaux, Perdican et Camille ? Quel portrait peut-on faire d'eux ?

Pour répondre à ces questions, suivez la démarche proposée ci-dessous.

a) Considérez ces deux personnages en fonction des aspects suivants :

   a. physique ;

   b. psychologique ;

   c. social (milieu et classe sociale, profession) ;

   d. idéologique (valeurs et croyances).

b) Observez leur comportement dans chaque scène où ils apparaissent. Posez-vous les questions suivantes pour mieux les cerner :

   a. Que pensent-ils ? Que ressentent-ils ?

   b. Que disent-ils ?

   c. Que font-ils ?

   d. Comment se comportent-ils avec les autres personnages ? Quelle est la dynamique de leurs relations ?

   e. Comment évoluent-ils d'un acte à l'autre ? Qu'apprend-on de nouveau, globalement, sur eux ?

❷ Dans la conception des personnages, quel est l'effet souhaité sur le lecteur ? Répondez aux sous-questions suivantes en justifiant vos réponses :

a) Quel personnage attire davantage notre sympathie ? Quel est le personnage dont nous ressentons davantage les émotions ?

b) Quel personnage nous apparaît comme une marionnette et provoque notre pitié ?

c) Quels personnages provoquent le rire ?

❸ Camille et Rosette sont sœurs de lait, mais elles semblent aussi être les deux facettes d'une même personne. Justifiez cette affirmation.

❹ Dans la tragédie, les personnages sont à la fois des victimes et des coupables, qui doivent susciter un mélange de pitié et de dégoût. Selon vous, Perdican et Camille répondent-ils à cette exigence ? Justifiez votre réponse.

❺ Les personnages de comédie sont généralement grotesques et caricaturaux. Quels personnages correspondent à cette description ? Justifiez votre réponse.

❻ Doit-on considérer Rosette comme un personnage principal ou secondaire ? Justifiez votre réponse.

❼ Pourquoi, selon vous, Rosette n'est-elle pas présente plus souvent dans la pièce ? Quels seraient les répercussions sur l'intrigue et les effets sur le lecteur ? En quoi cela risquerait-il de nuire à la tragédie ?

❽ Pourquoi le chœur s'acharne-t-il particulièrement sur dame Pluche ? Qu'est-ce qui est critiqué par le biais de ce personnage ?

Thématique

❶ Parmi les éléments suivants, dégagez les réseaux thématiques qui semblent prédominer dans chacun des actes de la pièce et justifiez vos choix :

   a) amour, pureté, désir ;

   b) orgueil, dignité ;

   c) éducation, fierté, noblesse, religion.

L'étude de l'œuvre

Organisation du récit, style et tonalité*

❶ Le premier acte correspond-il aux caractéristiques de l'exposition ? Expliquez votre réponse.

❷ Fournissez des indices sur la condition sociale des personnages et sur les relations entre eux.

❸ Situez le lieu et l'époque.

❹ Donnez des indices sur la nature de l'intrigue.

❺ Anticipez la suite des événements.

❻ Où peut-on situer le nœud de l'intrigue ? Justifiez votre choix.

❼ Montrez que l'intrigue dramatique de la pièce évolue grâce à la présence d'un témoin caché.

❽ Par rapport au dénouement :

a) Peut-on dire qu'il dénoue les fils de l'intrigue ?

b) Crée-t-il un effet de surprise ou était-il attendu ?

❾ Montrez que pour Perdican, la culpabilité sera un châtiment plus lourd encore que le départ de Camille.

❿ Expliquez l'enseignement moral qui se dégage de cette fin.

⓫ Montrez que cette pièce relève bien du drame.

*: *Cf.* Glossaire

Sujets d'analyse et de dissertation

Plusieurs pistes d'analyse portant sur l'œuvre complète sont maintenant accessibles, et certaines plus faciles à emprunter que d'autres. Pour favoriser votre progression vers le plan, les premiers sujets ont été partiellement planifiés (comme suggestion d'exercices : compléter ou détailler ces plans) ; en revanche, les derniers sujets laissent toute la place à l'initiative personnelle.

❶ **Analysez les thèmes suivants dans** *On ne badine pas avec l'amour* :

a) la dignité ;

b) la fatalité ;

c) la fidélité.

Esquisse de plan pour le développement.

Introduction

Sujet amené : puisez une idée dans la biographie de Musset ou dans le contexte historique du XIXe siècle.

Sujet posé : reformulez le sujet en situant ces thèmes secondaires de la pièce *On ne badine pas avec l'amour* en rapport avec le thème principal, celui de l'amour.

Sujet divisé : prévoyez un résumé et annoncez les idées directrices des paragraphes de développement.

Développement

- Dans le premier paragraphe, démontrez que la dignité peut parfois nuire à l'amour.
- Dans le deuxième paragraphe, démontrez que l'amour conduit parfois à la fatalité.

- Dans le troisième paragraphe, montrez que la fidélité est souvent considérée comme une preuve d'amour.

.... **Conclusion** ....

- Idée synthèse : voyez à maintenir l'intérêt du lecteur en rapportant les idées essentielles du texte.
- Idée d'ouverture : situez l'œuvre dans le contexte d'aujourd'hui.

❷ Montrez en quoi ce « proverbe » de Musset contient une critique des institutions religieuses et de ses représentants.

❸ Expliquez en quoi *On ne badine pas avec l'amour* relève bien du courant romantique.

❹ Montrez que cette pièce est avant tout un drame de l'orgueil.

❺ Prouvez que cette affirmation de Perdican constitue l'essence même de la pièce : « On est souvent trompé en amour, souvent blessé et souvent malheureux ; mais on aime. »

❻ Montrez en quoi cette œuvre de Musset porte en elle un enseignement moral.

❼ Prouvez, à l'aide d'exemples tirés de cette pièce, que le drame romantique est bien un mélange de tragédie et de comédie.

❽ Dans son roman intitulé *La confession d'un enfant du siècle*, Musset écrit : « Étrange chose que l'homme qui souffre veuille faire souffrir ce qu'il aime ! » Prouvez que cette affirmation s'applique bien aux personnages de la pièce.

❾ Commentez cette citation de Musset en vous appuyant sur des exemples de la pièce : « Une femme pardonne tout, excepté qu'on ne veuille pas d'elle. »

Glossaire

Pour étudier le théâtre : lexique de base et autres termes

Archaïsme : utilisation d'un terme vieilli, ancien qui n'a plus cours et qui ne fait plus partie de la langue courante.

Bienséance : règle du théâtre classique qui consiste à interdire la représentation de tout ce qui pourrait aller à l'encontre du sens moral et du bon goût.

Bourgeoisie : classe formée de dirigeants, de chefs d'entreprises et de négociants.

Burlesque : voir Parodie.

Byron : poète britannique (1788-1824), son œuvre exprime le mal de vivre.

Césure : pause à l'intérieur d'un vers d'une certaine longueur, après une syllabe accentuée, généralement en accord avec le sens et la structure syntaxique de l'énoncé.

Champ lexical : ensemble de termes associés à une idée ou à un thème.

Coup de théâtre : désigne une péripétie* brusque et rapide fondée sur un renversement de situation.

Cure : fonction impliquant la direction spirituelle et l'administration d'une paroisse.

Dénouement : désigne la fin d'une pièce, le moment où s'effectue la résolution du nœud.

Didactique : voir Registre.

Didascalie : indication de mise en scène (en italique sur un texte de théâtre publié).

Digression : développement oral ou écrit qui, le plus souvent dans un « discours » organisé, s'écarte du thème principal.

Discours : l'énonciation* de discours représente les énoncés ou messages qui ne sont pas coupés de leur situation d'énonciation et que l'on comprend en fonction de cette situation. On trouve donc l'énonciation de discours dans le cadre du dialogue, du discours direct, et en général dans la communication orale où la situation concrète détermine qui parle, à qui, à quel moment et à quel endroit. On a pu la définir comme l'énonciation du je-ici-maintenant-présent. Elle s'oppose à l'énonciation du récit.

Doctrine socialiste : ensemble de principes qui dénoncent les inégalités sociales et condamnent la propriété privée des moyens de production et d'échange.

Élégiaque : tonalité lyrique triste, plaintive, désespérée. L'adjectif provient d'un genre de poème, l'élégie, destiné à déplorer la perte d'un être cher, puis, par extension, d'un amour éphémère.

Énonciation : ensemble des paramètres du langage et du contexte qui permettent à un énoncé (un message oral ou écrit) d'être produit et d'être compris de son destinataire. L'énonciation répond aux questions « qui parle ? », « à qui ? » (définitions des personnes), « comment ? » (temps et modes grammaticaux, modalités, etc.),

« quand ? » et « où ? » (situation d'énonciation, contexte).

Exposition : partie initiale d'une pièce de théâtre qui consiste à donner au spectateur toutes les informations nécessaires à la compréhension de l'action à venir, tout en essayant de capter son attention et son intérêt.

Gauche et Droite politiques : ces expressions sont nées de la disposition de l'assistance lors des assemblées parlementaires. Traditionnellement, les membres qui siègent à la gauche du président sont les représentants de partis aux opinions progressistes, alors que les membres à sa droite représentent les partis conservateurs.

Hémistiche : moitié d'un vers alexandrin (12 pieds) réparti en deux mesures rythmiques de chaque côté de la césure.

Hernani : drame de Victor Hugo dont la présentation fut le point de départ d'une véritable bataille entre ceux qui se réclamaient de la tradition classique et les romantiques qui voulaient renouveler la littérature.

Hypallage : figure de style qui consiste à transférer une caractéristique d'un élément (souvent un adjectif caractérisant) sur un autre élément présent dans le contexte. Voir l'aparté de Bridaine en III, 2 : « Ô chaise bienheureuse ! » (ô chaise qui me rendrait bienheureux »).

Hyperbole : figure de style qui consiste en l'exagération d'une expression afin de lui conférer une intensité plus forte. Voir certaines

expressions exaltées de Camille en II, 5 : « la mèche de cheveux que je lui donnerai pourra lui servir de manteau ».

Incipit : mot latin signifiant « (il) commence », il désigne le premier vers d'un poème, puis par extension le début d'un ouvrage littéraire.

Index : liste d'ouvrages « pernicieux » dont la lecture est interdite par le clergé.

Intrigue : système classique qui structure l'action dramatique en différentes parties comme l'exposition*, le nœud*, les péripéties* et le dénouement*.

Ironie : forme de moquerie allusive où on laisse entendre autre chose ou même le contraire de ce que l'on dit.

Ironie romantique : ironie qui consiste à se mettre à distance de son propre discours, sans pour autant le considérer comme ridicule.

Ironie tragique : procédé dramatique qui consiste à faire dire à un personnage une réplique qui révèle sa naïveté et son aveuglement tragique au sens où l'action va la démentir cruellement et en révéler le contresens (voir la scène 8 de l'acte III).

Libéraux : partisans du libéralisme, théorie politique selon laquelle l'État n'a pas à intervenir dans les affaires économiques.

Libertin : en littérature, ce nom désigne les adeptes d'une morale indépendante de la religion. De façon générale, ce mot désigne celui qui adopte une conduite moralement déréglée.

Glossaire

Métaphore : figure (ou procédé) qui associe directement et immédiatement un élément à un autre selon un rapport analogique implicite (ressemblance, correspondance, conformité) puisqu'il n'y a pas de marque de comparaison. Voir la célèbre image de Perdican en II, 5 : « le monde n'est qu'un égout sans fond ». On parle de métaphore filée quand la métaphore est développée et continuée sur plusieurs vers ou phrases. Voir, dans la dernière scène, l'association métaphorique de l'action de la pièce à un chemin de campagne : « le vert sentier qui nous amenait l'un vers l'autre ».

Métonymie : figure qui consiste à remplacer un élément par un autre élément avec lequel il est en relation logique ou chronologique (cause pour conséquence, conséquence pour cause), spatiale (le contenu pour le contenant : « boire un verre »).

Monarchie absolue : État gouverné par un roi qui hérite du pouvoir sans être élu, qui considère le tenir de droit divin et n'avoir de compte à rendre qu'à Dieu.

Monologue : discours d'un personnage qui est (ou se croit) seul en scène.

Nœud : partie de l'intrigue* où intervient, à la suite de l'exposition, un obstacle qui entre en conflit avec le projet initial de l'action.

Oxymore : figure qui consiste en une alliance de mots de sens opposés (des antonymes, par exemple) dont la liaison apparaît contradictoire, voire impossible.

Parallélisme : procédé selon lequel la pensée s'exprime en des membres de phrase parallèles, qui se répondent suivant un rythme symétrique.

Parodie : procédé de réécriture qui consiste en une imitation et une transposition comiques d'une œuvre ou de son style. On parle de **parodie burlesque** quand on transpose une œuvre sérieuse dans un registre comique ou plaisant (imitation du sujet) ; on parle de **parodie héroï-comique** quand on traite un sujet vulgaire dans un registre sérieux (imitation du style).

Pathétique : voir Registre.

Péripétie : élément de l'intrigue où l'action se renverse en son contraire.

Prolétariat : classe ouvrière.

Proverbe dramatique : petite comédie illustrant un proverbe ; cette façon de faire était une pratique courante à l'époque de Musset.

Quiproquo : méprise qui fait qu'on prend une personne pour une autre, une chose pour une autre.

Récit : l'énonciation* du récit représente des énoncés ou messages qui sont coupés de leur situation d'énonciation initiale. On trouve ce type d'énonciation dans le récit au passé où l'on doit rendre explicites les circonstances relatives à l'énoncé produit (qui ? où ? quand ?) puisque la situation d'énonciation ne les indique pas naturellement. Le récit s'oppose à l'énonciation de discours*.

Registre : manifestation par le langage d'une catégorie majeure de l'émotion, de la sensibilité et de la volonté humaines. Ainsi, à chaque registre correspond une grande attitude émotionnelle ou intellectuelle : émouvoir, faire pleurer (registre **pathétique**), célébrer ou déprécier (registre **épidictique**), critiquer plaisamment (registres **satirique** et ironique), critiquer sérieusement et violemment (registre **polémique**), exprimer et provoquer la peur (registre **fantastique**), expliquer ou démontrer (registre **didactique**), faire rire ou sourire (registre **comique**), amplifier, exagérer un événement (registre **épique**), exprimer ses sentiments intimes (registre **lyrique**). Les registres sont en relation avec un genre : comédie et registre comique, épopée et registre épique, poésie lyrique et registre lyrique. Mais ils peuvent être présents dans d'autres genres : registre comique dans un poème.

République : forme de gouvernement dans laquelle le peuple exerce la souveraineté directement ou par l'intermédiaire de délégués élus.

Rhétorique : ensemble des moyens argumentatifs et stylistiques qui permettent à un discours de convaincre et d'émouvoir.

Romantiques : adeptes du romantisme, mouvement littéraire et artistique de la première moitié du XIXe siècle qui fait prévaloir les principes de liberté et de subjectivité en rejetant les règles classiques et en s'opposant au rationalisme philosophique.

Salon : réunion de personnalités des lettres, des arts ou de la politique qui se tenait généralement chez une femme distinguée. Au XVIIe siècle, les salons eurent une influence capitale sur la littérature et, au XVIIIe siècle, sur la diffusion des idées philosophiques.

Satire, satirique : discours critique qui cherche à ridiculiser un être, un événement, une idée par différents procédés.

Scepticisme : refus d'adhérer à des croyances, remise en question des idées généralement admises.

Stichomythie : forme du langage dramatique où les personnages se répondent rapidement par de très courtes répliques.

Synecdoque : figure qui est un genre de métonymie* et qui consiste à remplacer un élément par un autre élément avec lequel il est en relation de très forte contiguïté, voire d'inclusion. La synecdoque la plus répandue est celle qui exprime la partie pour le tout : le « fer » pour désigner la paire de ciseaux (en fer) qui coupera les cheveux de Camille lors de son entrée en religion (en II, 5).

Tirade : longue réplique.

Tonalité : voir Registre.

Tragique : genre ou registre où s'exprime les émotions relatives à ce type de spectacle cruel ou funeste : la terreur et la pitié, l'admiration et le malheur, l'impression de fatalité et de nécessité aveugle.

Bibliographie, discographie

Bibliographie

– Gérard Gengembre, *Le romantisme*, Ellipses, 1995.
– Jean Starobinski, *Portrait de l'artiste en saltimbanque*, coll. « Champs »,
Flammarion, 1970.
– Paul Van Tieghem, *Le romantisme dans la littérature européenne*,
Albin Michel, 1969.
– Philippe Van Tieghem, *Le romantisme français*, coll. « Que sais-je ? »,
PUF.

L'auteur, sa vie, son œuvre

– Paul de Musset, *Biographie d'Alfred de Musset. Sa vie et ses œuvres*,
1877, repris dans Musset, *Œuvres complètes*, coll. « L'Intégrale », Seuil.
– Sand et Musset, *Le roman de Venise* (choix de lettres par José-Luis
Diaz), coll. « Babel », Actes Sud, 1999.
– Philippe Van Tieghem, *Musset*, coll. « Connaissance des Lettres »,
Hatier, 1969.

Discographie

Enregistrement de *On ne badine pas avec l'amour* dans une mise en
scène de Jean Vilar au Théâtre national populaire, en 1959 avec Gérard
Philippe dans le rôle de Perdican (Audivis, Hachette, « Vie du théâtre »).